Jaap van de Weg

warum ich tue, was ich tue

Jaap van de Weg

warum ich tue, was ich tue

Einblicke in die Hintergründe unseres Handelns

Aus dem Niederländischen von Marianne Holberg

Verlag Urachhaus

Die niederländische Originalausgabe erschien 2016 unter dem Titel *Waarom doe ik wat ik doe? Menskunde in die praktijk* beim Verlag Uitgeverij Christofoor, Zeist.

Nederlands letterenfonds
dutch foundation for literature

Die Übersetzung dieses Buches wurde von der niederländischen Stiftung für Literatur gefördert.

ISBN 978-3-8251-5169-0

Erschienen im Verlag Urachhaus
www.urachhaus.de

Umschlaggestaltung: Ursula Weismann
Umschlagabbildung: Wassily Kandinski, Gegengewichte, 1926
© akg-images
Gesamtherstellung: CPI books GmbH, Leck

Inhalt

1 Warum tue ich, was ich tue?

Ja, warum tue ich das, was ich tue? Einige Dinge tue ich, ohne dabei zu denken. Man könnte auch sagen: Ich mache es wie im Schlaf, automatisch. Das gilt beispielsweise fürs Laufen. Ich weiß nicht, wie ich das mache, es geschieht vollkommen unbewusst. Ohne dass ich es merke, folge ich einem bestimmten Muster. Eigentlich ganz angenehm, da kann ich währenddessen die Blicke schweifen lassen. Doch wenn ich auf einmal feststelle, dass ich immer etwas krumm gehe, und das ändern will, ist es schwierig, mich mit einem veränderten Laufmuster weiterhin so unbewusst zu bewegen. Dann kommt es zu einem Kampf zwischen dem gewohnten Muster und dem Wunsch, mir ein neues anzueignen. Aber wo in mir haben diese beiden Muster eigentlich ihren Platz? Wo sitzen sie eigentlich?

Ein anderes Beispiel. Ich bin beim Essen. Es schmeckt mir. Dann spüre ich: Eigentlich habe ich jetzt genug gegessen. Aber es schmeckt doch so gut! Und dann, auch wenn ich es eigentlich nicht will, esse ich doch weiter. Ich hab ein ungutes Gefühl im Magen, und doch kann ich nicht aufhören.

Oder ich liege morgens im Bett und denke: Jetzt stehe ich auf. Und was passiert? Ich bleibe einfach im Bett liegen.

Wenn ich auf mein Leben zurückblicke, erkenne ich, dass es deutliche Linien in der Entwicklung meines Werdens gibt. Obwohl ich scheinbar willkürliche Entscheidungen treffe, zeichneten sich diese Linien ab. Wer hat diese Linien gezeichnet? War es Zufall? War ich das?

Kennen Sie das? Bestimmt. Aber wie hängt das alles miteinander zusammen? Woher stammen die verschiedenen Schichten unseres Wollens? Und wer bin *ich* dann eigentlich?

Dieses Buch ist eine Erforschung der Menschenkunde. Menschenkunde in der Praxis. Menschenkunde, die helfen kann, sich selbst und andere besser zu verstehen. Besser zu verstehen, zu wem wir eigentlich »ich« sagen. Und um zu verstehen, welche unterschiedlichen Ebenen wir in uns haben, aus welchen unterschiedlichen Schichten wir aufgebaut sind und woher all diese verschiedenen Schichten kommen, die oft gegensätzlich sind und zu Konfusion führen.

Ein solches Menschenbild kann uns auch zu einer Vorstellung dessen verhelfen, was nach dem Tod geschehen könnte. Das heute dominierende Menschenbild sieht so aus, dass wir als Mensch vor allem das Produkt unserer Erbsubstanz sind, also dessen, was in unseren Genen gespeichert ist. Und dass dies dann durch die Erziehung modifiziert wird. Dieses Menschenbild bietet uns keine Anknüpfungspunkte, konkret über eine geistige Welt oder über ein Leben nach dem Tod nachzudenken. Und dennoch können viele Menschen mit einer Nahtoderfahrung davon berichten.

Diese Menschenkunde beschreibe ich von dem Bild aus, wie es Rudolf Steiner in seinem Buch *Theosophie* dargestellt hat. Das Buch aus dem Jahr 1904 ist mein Lieblingsbuch. Da aber viele Menschen die Sprache in diesem Buch als veraltet empfinden und den Text als unzugänglich erleben, habe ich hier den Versuch unternommen, den Inhalt in einer verständlicheren Sprache wiederzugeben. Außerdem habe ich viele eigene Erfahrungen sowie die Erfahrungen von Menschen darin aufgenommen, mit denen ich in meiner Praxis und in meinen Kursen gearbeitet habe.

In großen Zügen habe ich die Kapiteleinteilung beibehalten, wie Rudolf Steiner sie angibt. Ich habe von dem Buch sehr profitiert – und ich hoffe, dass dies für Sie als Lesende auch so sein wird.

2 Zu spät, wieder zu spät

Zunächst folgt ein praktisches Beispiel für die Wichtigkeit menschenkundlich durchdrungenen Denkens. In einem Workshop kam es zu folgendem Ereignis: Ein Teilnehmer (ich nenne ihn Tom) war etwa eine Viertelstunde zu spät gekommen. Er wirkte irritiert, stammelte eine Entschuldigung von Staus, Parkplatzsuche und so weiter und setzte sich so schnell wie möglich hin, um nicht länger im Mittelpunkt zu stehen. In der später vorgenommenen Übung haben wir dies als Beispiel ausgearbeitet und untersucht, welche menschenkundlich zu untersuchenden Prozesse hier eine Rolle gespielt haben. Dabei kam heraus, wie in diesem einen Augenblick sowohl lästige Themen, die er schon lange kannte, eine Rolle gespielt haben, als auch Ideale, denen er nachstrebte. Was offenbarte sich in diesem Moment des Verwirrtseins? Was sagte es über ihn aus?

Diese erste Übung bestand darin, dass wir auf den kurzen Augenblick seiner Verwirrung schauten. Solche Momente können manchmal zeigen, welche Themen in unserem Leben eine Rolle spielen. Wir begegnen uns selbst, und anscheinend wiederholen solche Momente sich regelmäßig, wenn auch mit anderen Menschen und zu anderen Zeiten. In der Übung stellten wir ihm drei Fragen, die jede einen anderen Aspekt von Tom sichtbar machen konnten.

Die erste Frage: »*Was ist denn nun eigentlich genau passiert? Kannst du beschreiben, was sich konkret abgespielt hat?*«
Tom: »Ich bin um acht Uhr aus dem Haus gegangen. Um halb zehn wollte ich hier sein, daher hatte ich eine halbe Stunde Spielraum eingeplant. Aber vor Amersfoort hatte es einen Unfall gegeben, der zu einem über halbstündigen Stau führte. Und dann musste ich noch die ganze Strecke nach Zeist fahren und dort einen Parkplatz suchen. Deshalb war ich zu spät dran.«

Das war ein Tatsachenbericht. So hatte es sich konkret, faktisch abgespielt. Die Geschichte in dieser Form zeigt jedoch nicht, was innerlich mit ihm passiert war. Sie sagt nichts darüber aus, wieso es ein verwirrender Augenblick für ihn war, in dem er sich mit sich selbst konfrontiert fühlte. Was ist das übrigens: eine Konfrontation mit uns selbst? Wer wird mit wem konfrontiert? Worin liegt der Unterschied zwischen den beiden Instanzen in uns?

Die zweite Frage: »*Kannst du jetzt bitte etwas davon erzählen, was in deiner Innenwelt geschehen ist? Kannst du eine persönliche Geschichte daraus machen und all deine Gedanken und Gefühle zu ihrem Recht kommen lassen?*«
Tom: »Ich wollte heute zu diesem Workshop. Ich hab mich darauf gefreut. Ich bin rechtzeitig losgegangen, weil ich es hasse, irgendwo zu spät zu kommen. Ich ärgere mich auch immer, wenn andere zu spät kommen. Wenn du eine Verabredung mit anderen Leuten hast, dann müssen die sich darauf verlassen können, finde ich. Daher die halbe Stunde Spielraum. Das musste reichen. Ich hasse es übrigens auch, dass ich mir die Extra-Zeit nehmen muss. Ohne Stau ist man dann viel zu früh da. Zeitvergeudung; ich hätte viel lieber gemütlich mit meiner Familie gefrühstückt.

Aber heute Morgen ging es wieder schief. Vor Amersfoort geriet ich in einen Stau. Ich hatte ja diese halbe Stunde Spielraum, also machte es mir zuerst nichts aus. Aber dann hörte ich im Radio, dass es einen Unfall gegeben hatte. Ich war sauer, denn ich begriff sofort, dass es nun viel länger dauern würde. Ich habe noch überlegt, ob ich einen Schleichweg nehme, aber das hätte auch nichts gebracht. Ich hab mich ziemlich aufgeregt.

Als ich hier ankam, war ich schon eine Viertelstunde zu spät. Und dann musste ich auch noch einen Parkplatz suchen. Ich parke ganz gern mal in zweiter Reihe, aber das kann wieder andere Probleme mit sich bringen: Bußgeld oder sogar Abschleppen. Nun, als ich endlich reinkam, hattet ihr längst angefangen. Dann fühle ich mich so furchtbar blöd, wenn ich reinkomme! Jeder sieht dich an und denkt sich sein Teil. Schließlich ist es der erste Eindruck, den du machst. Dann denke ich: Was die wohl jetzt denken! Na ja, da bin ich also.«

Wie anders ist diese Geschichte als die vorherige mit den reinen Fakten! Welch eine Konfusion in der Innenwelt! Emotionen, Meinungen, Wertvorstellungen, Impulse wirbeln durcheinander und beeinflussen sich gegenseitig. Und das macht es schwer, das Ganze zu steuern und in eine richtige Ordnung zu bringen.

Worum geht es nun wirklich? Was war in seiner Situation die Ursache der Verwirrung? Mit anderen Worten: Was passierte ihm wirklich?

Die dritte Frage: »*Kannst du diese Geschichte jetzt noch einmal erzählen? Und jetzt versuch einmal, etwas darüber zu sagen, worum es eigentlich ging. Was machte dieses Ereignis so schwierig für dich?*«

(Hierüber musste Tom einen Augenblick nachdenken, ehe er mit einer viel leiseren und vorsichtigeren Stimme weitermachte.)
Tom: »Ich kenne solche Momente. Es ist mir sehr unangenehm, in einer mir nicht so vertrauten Umgebung im Mittelpunkt der Aufmerksamkeit zu stehen. Da werde ich verlegen, ich weiß nicht recht, wie ich mich selbst präsentieren soll. Früher war das noch viel schlimmer, jetzt ändert sich das zum Glück.
Was mir auch klar wurde, hat mit meinem Wertesystem zu tun: Pünktlichkeit. Ich lege sehr viel Wert darauf, dass wir uns an Verabredungen halten. Für mich hat das viel mit Verantwortung zu tun. Man muss Rücksicht auf die Zeit des anderen nehmen. Es klingt vielleicht übertrieben, aber für mich ist das so was Ähnliches wie Stehlen: Ich stehle einem anderen die Zeit, wenn ich mich nicht an eine Verabredung halte. Und ich fühle mich auch bestohlen, wenn ein anderer leichtsinnig damit umgeht. Ich finde das selbst zwar auch lästig, aber ich steh dazu. Und wenn ich dann so viel zu spät komme wie jetzt, habe ich mich nicht an meine eigenen Werte gehalten. Das ist mir peinlich.«

Was haben diese Berichte mit Menschenkunde zu tun?

Tom erzählt drei Geschichten. Und uns fällt auf, dass es drei ganz verschiedene Geschichten sind. Sie finden auf unterschiedlichen Ebenen statt. Die erste Geschichte bringt Fakten, frei von Gefühlen und Ansichten.

In der zweiten Geschichte liegt die Betonung gerade auf den Gefühlen und Ansichten. Tom wird in dieser Geschichte viel mehr als Person sichtbar. Seine Stimme wird lebendiger, seine Gebärden sind ausdrucksvoller. Und hier liegt ein Teil der Konfusion, seiner Verwirrung. Ein anderer wäre ganz anders mit der Situation umgegangen und hat seine Verwirrungs- bzw. Konfusionsmomente vielleicht woanders.

In der dritten Geschichte tritt wieder eine gewisse Beruhigung, Bedachtsamkeit auf. Und nun werden Themen sichtbar, mit denen Tom generell in seinem Leben zu tun hat: Hier haben wir es mit Entwicklungsthemen zu tun:

- Wie gehst du damit um, wenn du selbst sichtbar wirst?
- Und wie gehst du mit deinen inneren Werten um?

Drei Geschichten, jede in einer anderen Welt, die drei verschiedene Seiten von ihm sichtbar machen. Diese Ebenen gelten für uns alle. In ihnen kommen verschiedene Seiten in uns zum Vorschein, die alle miteinander zu tun haben. Sind sie erkennbar? Und welche Gesetzmäßigkeiten spielen hier eine Rolle? Wie können wir dies menschenkundlich verstehen? Davon handelt das nächste Kapitel.

3 Drei Welten

Tom hat die Geschichte seines Stau-Erlebnisses erzählt. Das sollte er aus drei verschiedenen Perspektiven tun:

Die erste Geschichte sollte aus einer rein sachlichen Perspektive erzählt werden. Was war faktisch, rein äußerlich betrachtet passiert? Das ergab einen objektiven Bericht, so wie ein anderer ihn auch geben würde, wenn er dabei gewesen wäre. Alles Persönliche ist weggelassen. Es ist der Bericht des Wahrnehmenden, der erzählt, was er durch die Sinne wahrgenommen hat. Die Geschichte spielt sich in der stofflichen Außenwelt ab, die mit den Augen, den Ohren, mit dem Tastsinn und der Nase wahrgenommen wird.

Die zweite Perspektive beleuchtet die Innenwelt. In der Innenwelt sind die Gefühle und Emotionen, die Gedanken und Meinungen sowie die Impulse zum Handeln wirksam. Vor dem Hintergrund dieser Realität wird die Geschichte erzählt. Die verschiedenen darin wirksamen Kräfte sind oft nicht aufeinander abgestimmt. Sie prallen aufeinander und daraus entsteht die innere Konfusion. Sie verleihen der erzählenden Person eine persönliche Farbe.

In der dritten Perspektive wird wie aus einem Abstand auf das geschaut, was in der Innenwelt geschehen ist. Man nimmt Abstand von sich selbst und blickt mit einer eher wohlwollenden und liebevollen Haltung auf sich. Diese neue Position verlangt uns oft viel Energie ab, denn dazu müssen wir bereit sein, uns selbst im Spiegel anzusehen und die eigenen kleinlichen Seiten zu erkennen. Unter Umständen muss man dabei auch darauf verzichten, immer recht behalten zu wollen. Wenn uns dies aber gelingt, kommen wir in ein ruhigeres Fahrwasser. Man erlebt eine gewisse Objektivität, wenn auch eine ganz andere als die rein äußerliche aus dem ersten Bericht. Dort geht es um die Objektivität des Außenstehenden. In dieser dritten Darstellung ist es eine, an der man selbst beteiligt ist, eine interessierte, liebevolle Objektivität.

Der Erzähler erlebt sich selbst in den drei Berichten ebenfalls unterschiedlich. Und dabei erlebt er sich auch anders im Verhältnis zu seinem Körper.

Als objektiv Wahrnehmender erlebt er sich selbst vor allem in seinen Sinnen. Er lebt in den Augen und Ohren, also in seinem Kopf. Der Kopf ist ein geschlossener Raum, wie eine Mauer umschlossen vom knochigen Schädel. Das vermittelt ihm das Gefühl, ein Außenstehender zu sein. Alles so Wahrgenommene fühlt sich nüchtern an, etwas distanziert, unbeteiligt. Davon geht nicht viel Energie aus. Diese Position schenkt uns zugleich jedoch eine gewisse Ruhe.

In der zweiten Position nimmt die Lebendigkeit zu. Es kommt Farbe hinein und der Erzähler kommt innerlich in Bewegung, was sich auch in der Stimme und in den lebendigeren Gebärden äußert. Er ist zunehmend beteiligt. Doch auch die Konfusion nimmt zu. Denn in seinem Innern gibt es auch einen Kampf. In der Verbindung mit dem Körper verschiebt sich das Zentrum vom Kopf in die Herz- und Magengegend. Das sorgt auch für mehr Wärme.

In der dritten Position fühlt es sich an, als weite man sich aus, würde zugleich auch ruhiger. Man könnte es so beschreiben: »Es ist, als würde ich größer, als würde ich mehr um meinen Körper herum sein. Nicht einfach nur draußen, sondern umfassender, wie um mich selbst herum. Das gibt ein Gefühl der Ruhe, doch bleibe ich beteiligt. Vielleicht sogar noch mehr als vorher.«

In der dritten Position schaut man aus einem größeren Abstand, zugleich mit der inneren Haltung eines freundlichen Interesses auf das Geschehene. Man möchte jetzt wissen, wodurch die Verwirrung eigentlich entstanden ist. Man stellt sich die Frage: Mit welchem Thema in dir selbst wirst du hier konfrontiert? Aus dieser Haltung heraus macht man jetzt einen Unterschied zwischen dem Wesentlichen und dem Aufruhr des inneren Geschehens.

Er ist rechtzeitig von zu Hause losgefahren. Welche Gründe gab es dafür? Er nennt zwei. Der erste Grund ist Angst: Er will vermeiden, zu spät zu kommen, und er will die Situation vermeiden, durch sein spätes Eintreffen im Mittelpunkt zu stehen. Die daraus resultierende Verwirrung will er vermeiden. Das Thema ist ihm vertraut, es ist ihm oft begegnet und begegnet ihm immer wieder. Diese Angst und Unsicherheit will er überwinden.

Aber es gibt einen zweiten Grund: sein Prinzip, Rücksicht auf die Zeit anderer zu nehmen. Dieses Prinzip hat einen gewissen objektiven Wert, und den will er sich erhalten. Dann kommt der Stau. Halb aus dem Unbewussten steigt in ihm das Bild auf, wie es aussehen wird, wenn er zu spät kommt. Und darauf reagiert er mit Angst und mit dem Vorsatz, das nicht erleben zu wollen. Zunächst versucht er, diese Angst zu rationalisieren: Halb so schlimm. Wird schon gutgehen. Ich hab eine halbe Stunde Spielraum. Aber dann kommen die Staunachrichten, und die machen die bisherige Rationalität zunichte. Ein neuer Impuls: der Schleichweg. Der nächste Gedanke: Dauert auch zu lange. Später die Emotion: Ich finde keinen Parkplatz. Der Impuls: Ich parke in zweiter Reihe. Die strenge innere Stimme: Das tut man nicht. Man muss Rücksicht auf andere nehmen. Die Unruhe: einen Parkplatz weiter weg suchen.

Und so weiter. Eine Vielzahl entgegengesetzter Kräfte. Und dann ist es eine echte Herausforderung, mit genügendem Abstand Herr der Situation zu sein und gleichmütig zu bleiben.

Um in dieser Verwirrung der Innenwelt das Steuer in der Hand zu behalten, braucht man eine andere innere Instanz, die nämlich aus einem Abstand das Wesentliche von der Nebensache unterscheiden kann. Das nennen wir gern: Geistesgegenwart.

Wenn wir klare Begriffe für verschiedene Qualitäten haben, können wir bewusster Ordnung in eine Situation bringen und diese auch beibehalten. Wer an einem Seminar zur Weinverkostung teilnimmt, wird für die Unterschiede in Geschmack und Geruch sensibilisiert. Weinverkoster haben dafür einen umfangreichen Wortschatz. Und dadurch bereitet einem das Verkosten viel mehr Spaß und Genuss; außerdem kann man dann viel genauer den passenden Wein zu einer Mahlzeit wählen.

Und das gilt auch für die Menschenkunde. Der Unterschied zwischen *ich* und *mir* bzw. *mich* in Formulierungen wie: »Ich habe mich nicht im Griff« oder: »Ich habe das Gefühl, hinter mir herzulaufen« bezeichnet zwar das, was man erlebt, gibt aber noch keinen klaren Begriffsunterschied. Es beschreibt ein Erleben, das viele Menschen kennen, gibt aber noch keine Antwort auf die Frage: Was ist dann »Ich«? Was ist das »Mir« / »Mich«?

Welche Begriffe passen also zu diesen drei Gebieten?

Zunächst haben wir die uns bekannte stofflich-physische Welt. Sie ist materiell, messbar und wägbar. Wir können exakt mit ihr umgehen, sie ist objektiv. Wir sind es gewohnt, mit dieser stofflichen Welt umzugehen. Die Wissenschaft hat sich in den letzten fünf Jahrhunderten daran gemacht, sie zu untersuchen, und hat dadurch viel erkannt. Wir haben viele Gesetzmäßigkeiten in ihr entdeckt und Begriffe gebildet. Wir sprechen über Moleküle und Atome, über den Urknall, über Schwerkraft, und das hilft uns dabei, diese Welt zu begreifen und uns in ihr zu orientieren.

Die zweite Welt ist die verwirrende Welt, die Welt *in uns*. Sie ist nicht messbar oder wägbar – und sie ist nicht objektiv. Alles vermischt und beeinflusst sich gegenseitig. Die Kräfte dieser Innenwelt reagieren auf alles, was in der Umgebung passiert, sie reagieren fortlaufend auf das, was in der stofflichen Welt geschieht. Und – bewusst oder unbewusst – verbinden sich sofort früher gemachte Erfahrungen damit, vor allem, wenn diese emotional geladen waren. Aber diese Kräfte schwingen auch mit dem mit, was im Körper selbst geschieht. Ein Krampf im Bauch findet zwar im Körper statt, verursacht aber zugleich Unbehagen oder Unsicherheit in der Innenwelt. Durch die enge Verbindung mit der Umgebung ist dieses Gebiet auch in andauernder starker Bewegung.

Die Psychologie beschäftigt sich mit der Erforschung dieses Gebiets. Welche Kräfte sind hier eigentlich tätig? Werden sie durch Wirksamkeiten im Körper verursacht, sind sie somit Resultate von Ereignissen in der ersten Welt? Oder sind es ganz eigenständige Kräfte? Aber dann: Was für Kräfte? Werden Gefühle von Hormonen verursacht, oder durch Wirksamkeiten im Gehirn? Darüber sind die Meinungen noch lange nicht eindeutig. Und: All diese Meinungen hängen von dem Menschenbild ab, das man in sich trägt.

Die dritte Welt ist eine Welt der Ruhe und des Abstands. Und zwar einer bestimmten Art Abstand. Es geht nicht um einen Abstand auf Kosten des Interesses, sondern um einen, der vielmehr Interesse auf einer verständnisvolleren Ebene ermöglicht. Hier wirken nicht die Kräfte der Emotionen und der momentanen Auffassungen. Hier wirken Werte und Ideale als überpersönliche Kräfte. Durch sie können wir erleben, worum es uns tatsächlich geht. Sie gehören einer höheren Ordnung an als die Kräfte der zweiten Ebene. Sie können uns gleichsam über uns selbst hinausheben. Sie besitzen den Charakter der Zeitlosigkeit.

Wenn wir über uns selbst hinaus erhoben werden, landen wir in einer anderen Welt. Hier sind Werte und Ideale nicht nur Begriffe oder psychologische Kräfte. Es sind auch schöpferische Kräfte, aus denen wir in unserem Handeln eine Realität erschaffen können, die anders ist, als wenn wir uns nur durch Eigeninteresse lenken ließen. Rudolf Steiner spricht davon, dass sich hinter allen Kräften, mit denen wir es zu tun haben, Wesen verbergen: schöpferische Wesen, die von ihrer geistigen Heimat aus in unserer Innenwelt und in der physischen Welt tätig sind.

In älteren Kulturen nannte man diese schöpferischen Kräfte Götter. Man unterschied eine Vielzahl schöpferischer Kräfte, wodurch dann ein lebendiges Firmament von Göttern mit ihren Beziehungen untereinander entstand, die in den Mythen des jeweiligen Volkes beschrieben wurden.

Ein Beispiel für diesen Unterschied fand ich auf einem Wandrelief im Tempel von Luxor, einem der interessantesten und meistbesuchten in Ägypten. Dort wird die Ankündigung der Geburt des neuen Pharao dargestellt. Amun, der Hauptgott, beschließt, dass ein neuer, zukünftiger Pharao geboren werden soll. Er geht zu Thot, dem Urgott, und fragt ihn, ob er eine gute Mutter wisse. Thot geht auf die Suche und kommt zu einer der Frauen des derzeitigen Pharao. Er verkündet ihr, dass sie ein Kind bekommen werde. Amun besucht sie und befruchtet sie. Dann bitten sie Chnum, dafür zu sorgen, dass es ein gesundes Kind wird. Chnum begleitet den vorgeburtlichen Wachstumsprozess, bis das neue Kind geboren wird.

Jede Gottheit hat ihren eigenen Zuständigkeitsbereich. Amun sorgt für das Land, Thot hat die Übersicht über die Menschen, Chnums Bereich ist die gesunde körperliche Entwicklung. So detailliert blickten die Menschen auf die Götterwelt.

In dieser Welt hat das Wesen des Menschen seine spirituelle Heimat. Hier sind sein Ursprung und sein Ziel. Wie wir in der physischen Welt umgeben sind mit allem, was mit Materie zu tun hat, sind wir hier umgeben von einer übersinnlichen Welt schöpferischer Wesen.

Wenn ich den drei Ebenen, den drei Schichten, einen Namen geben will, schließe ich mich historischen Bezeichnungen an:

- Die erste Ebene ist die stoffliche, materielle Welt, zu der wir gehören, weil wir einen Körper haben.
- Die zweite Ebene ist die Psyche, die Seele.
- Das, was sich noch darüber befindet, können wir den Geist nennen.

So bekommen wir eine Dreigliederung von Körper, Seele und Geist. Diese Unterscheidung wurde von alters her gemacht. Ich versuche, dem einen neuen Inhalt zu geben.

In der Seele haben wir drei Qualitäten, nämlich das Denken, das Fühlen und das Wollen. Verbunden mit dem Denken ist die Wahrnehmung, verbunden mit dem Willen ist die Fähigkeit, den

Willen zum Ausdruck zu bringen: das Handeln. Das Fühlen sorgt für die Verbindung zwischen beiden Polen.

Der Körper bildet ein Instrument für die Seele und für den Geist und hat damit auch unterschiedliche Glieder für das Denken, Fühlen und Wollen. Diese Dreigliederung ist im Gehirn zu erkennen, dazu gehörig die Nerven und Sinnesorgane, die das Instrument fürs Denken darstellen.

Durch die Sinnesorgane nehmen wir Eindrücke wahr, durch die Nerven werden die Eindrücke aus der Umgebung und aus dem Körper selbst zum Gehirn gelenkt, im Gehirn werden damit Gedanken verbunden. Wer bildet diese Gedanken? Das bist du, das ist der Geist.

Wollen ist ein unbewusster Prozess. Wenn wir auf unser Leben zurückblicken und uns fragen, was wir nun eigentlich gewollt haben, sehen wir, wie es da bestimmte Triebfedern gegeben hat und wie viele Entscheidungen, zu denen man gekommen ist, unbewusst damit zusammenhingen. Dann sehen wir Linien, die sich durch unsere Biografie ziehen, von denen wir aber in den jeweiligen Momenten selbst nichts gewusst haben. In unserem Bewusstsein treffen wir eine Entscheidung aus einer logischen Perspektive, doch später können wir nach und nach vermuten, dass die eigentliche Perspektive, der eigentliche Grund ein anderer war. Unbewusst können wir unserem Partner begegnen wollen, doch mit unserem Bewusstsein wissen wir das erst, sobald wir ihm begegnen. Wir haben dann schon viele Entscheidungen unbewusst getroffen, die uns zu dieser Begegnung bringen. Auf dieses Thema komme ich im Kapitel über Karma und Reinkarnation zurück.

Unser Wollen lebt im Stoffwechsel. Um handeln zu können, brauchen wir Muskeln. Der Impuls zum Handeln kommt dann aus den Stoffwechselorganen des Bauchs, der Impuls geht zu den Muskeln, die den Impuls durch Handeln sichtbar machen.

Das Organ für das Fühlen ist kein direkt physisches Organ, sondern hängt mit den Rhythmen zusammen, die in den Organen wirksam sind. Sie kommen am deutlichsten in den Rhythmen des Herzschlags und der Atmung zum Ausdruck. Alles, was mit dem Fühlen zusammenhängt, äußert sich unmittelbar in einer Veränderung dieser Rhythmen.

Unsere Übung, in der Tom von seiner Verwirrung wegen des Zuspätkommens berichtete, nenne ich die Körper-Seele-Geist-Übung. In vielen Kursen ist es unsere erste Übung. Dadurch – das ist unser Ziel – sollen wir erfahren, dass es diesen Unterschied gibt und dass wir uns durch diese drei Gebiete hindurch bewegen können. Danach geht es darum, zu erleben, welche Freiheit es uns schenkt, wenn wir durch die emotionale Verwirrung hindurchgehen können, um schließlich auf einer höheren, wesentlicheren Perspektive zu landen.

Für den, der diese Übung eventuell selbst erleben will, beschreibe ich sie noch einmal schrittweise:

1. Du wählst einen kleinen Augenblick der Verwirrung in der Vergangenheit.
2. Du beschreibst den Augenblick den Fakten nach, der objektiven Wahrnehmung entsprechend (wobei Gefühle, die dabei auftreten, auch als Fakten bezeichnet werden können).
3. Du beschreibst den Augenblick des Erlebens, wobei alles Urteilen, alle Emotionen erlaubt sind.
4. Du nimmst Abstand von den Emotionen und beschreibst aus einem liebevollen Verständnis heraus, was wirklich geschehen

ist, was du in dir selbst als Anlass der Verwirrung antriffst. Mach dir dann klar, dass du an diesem Punkt ein Entwicklungsthema deines Lebens beschreibst.

Was du hierbei erleben kannst, ist der Unterschied zwischen diesen drei Welten. Wenn dir das gelingt, kann es dir helfen, schwierige Situationen schneller zu überblicken und entscheidender einzugreifen.

4 Das Wesen des Menschen

Wir haben ein Bild davon entwickelt, wie wir als Menschen drei Erscheinungsformen haben, also ein dreigliedriger Mensch sind. Und jedes dieser drei Glieder lebt in einer eigenen Welt:

1. Durch unseren stofflichen Körper leben wir in der materiellen Welt.
2. Durch unsere Seele leben wir in einer Welt der Kräfte und Bewegungen.
3. Durch unseren Geist leben wir in einer Welt der Weisheit und der Liebe, in der Ideale und Werte ihren Ursprung haben.

In all diesen Welten leben wir zusammen mit anderen: Im Bereich des Stofflichen leben wir in der sichtbaren Welt von Zeit und Raum. Hier nehmen wir mit unseren Sinnesorganen wahr, und wir handeln, indem wir von unseren Muskeln Gebrauch machen. Wir leben hier zusammen mit der stofflichen Seite der Erde, den Pflanzen und den Tieren und mit den anderen Menschen.

In der Seelenwelt leben wir zusammen mit den Seelenkräften, die in anderen beseelten Wesen leben, den Tieren und den Menschen. Zwischen den verschiedenen Wesen existiert eine fortwährende unsichtbare Wechselwirkung. Wir beeinflussen uns fortlaufend gegenseitig und wir reagieren aufeinander. Die gegenseitige Wahrnehmung geschieht hier nicht durch die Sinnesorgane, wie zum Beispiel Augen und Ohren. Sie beruht vielmehr auf dem Erleben. Hierbei spielen Sympathie und Antipathie eine Rolle. In der Sympathie öffnen wir uns für den anderen und versetzen uns in den anderen hinein, in der Antipathie verschließen wir uns und nehmen Abstand, und durch diesen Abstand ist es uns möglich, den anderen besonders gut wahrzunehmen und zu einem Urteil über unsere Wahrnehmungen zu kommen.

Wenn wir untersuchen, wie die Gefühlswahrnehmung in der Praxis aussieht, gelangen wir zu einer anderen Art von Organen: einer Art Gefühlswahrnehmung, die wir im Herzen oder in der Magengegend erleben. Diese Wahrnehmungen erscheinen uns zunächst einmal subjektiv. Aber wir können sie gewissermaßen objektivieren, indem wir uns erst einmal fragen, was uns hier berührt und was dies mit uns und unserer Vergangenheit zu tun hat.

Dann fragen wir uns, was uns unser Gefühl der Sympathie oder Antipathie über den anderen sagt. Welche Qualität oder Eigenschaft ist es, die uns im positiven oder negativen Sinne berührt und Sympathie oder Antipathie ausgelöst hat?

Die dritte Welt ist die des Geistes. Auch hier fühlen wir die Gemeinsamkeit mit anderen. Mit anderen Menschen und, um genau zu sein, mit ihrem geistigen Aspekt, mit dem Teil also, der sich aus moralischen Werten und Idealen speist. Hier findet eine gegenseitige Befruchtung durch die Werte und Ideale statt, sofern sie überpersönlich bleiben und nicht in Besserwisserei und Egoismus verfallen. Doch in dieser Welt werden wir auch von Wesen einer höheren Ordnung inspiriert, den Wesen, die als schöpferische Kräfte hinter der ganzen Erd- und Menschwerdung stehen. Es sind die Wesen, die wir als Entitäten, Götter, Engel und Erzengel bezeichnen. Hierzu gehört auch die Welt der Verstorbenen. Darauf werden wir später eingehen.

Jetzt werden wir den dreigliedrigen Menschen genauer betrachten, dreigegliedert nach Körper, Seele und Geist, und detaillierter die darin wirkenden verschiedenen Kräftefelder unterscheiden. Dabei werde ich, um diese Kräftefelder erlebbar zu machen, so viel wie möglich von alltäglichen Erfahrungen und Phänomenen ausgehen. Wenn wir diese Kräftefelder differenzieren, bekommen wir ein genaueres Verständnis für die alltäglichen Phänomene und können besser mit ihnen umgehen. In diesem Zusammenhang werden die Kräftefelder auch Wesensglieder genannt, Glieder des Wesentlichen, aus denen wir zusammengesetzt sind.

Der stoffliche oder physische Köper

Als Körper bezeichnen wir alles, was uns als Mensch sichtbar macht. Er ist das Instrument, mit dem wir uns als Individualität in der Welt bewegen können. *Sind* wir diese Individualität – oder *haben* wir sie?

Innerhalb des Körpers können wir noch einmal eine bestimmte Gliederung erkennen. Zunächst einmal können wir einen Unterschied machen zwischen einem lebenden Menschen und einem toten Menschen. Im lebenden Menschen ist alles in ständiger Bewegung. Unaufhaltsam sorgt die Aktivität des Stoffwechsels dafür, dass fortwährend Wiederherstellung und Wachstum stattfinden, dass der Körper warm gehalten wird und Energie zum Denken und Handeln vorhanden ist. Im Augenblick des Sterbens zieht das Leben sich zurück. Nur der stoffliche Körper bleibt übrig. Danach vergeht der stoffliche Körper langsam.

Den stofflichen Körper studieren wir in der Anatomie, wir sehen ihn auf einem Foto, er unterliegt der Schwerkraft.

Der stoffliche Körper wird während des Lebens von einem Individuum bewohnt. Wenn dieses den Körper beim Sterben verlässt, können andere lebende Wesen dort einziehen. Das sind die Bakterien, die für den Verwesungsprozess sorgen, wodurch sie den Körper langsam auflösen und dafür sorgen, dass der Stoff in den Kreislauf der Natur zurückkehrt. Dieser Teil des Menschen wird der physische oder stoffliche Teil genannt.

Der Ätherleib

Und was ist Leben? Welchem Kräftefeld begegnen wir dort? Es sind die Kräfte des Stoffwechsels und der Biochemie, des Wachsens und Differenzierens, des Heilens. Wir können uns fragen, welche Kräfte ursächlich hinter diesem Wachstum und der Differenzierung stehen und sie koordinieren, sodass der Körper zu einer Einheit wird. Man kann dies wie ein Steuerprogramm betrachten. Dieses Programm lenkt die biochemischen Prozesse im Körper, sodass Wachstum und Differenzierung in Raum und Zeit im Zusammenhang erhalten bleiben. In gewisser Weise kann man es mit der Software für den Computer vergleichen. Auch da sprechen wir von Steuerprogrammen. Dann können wir den stofflichen Körper im engeren Sinn als Hardware ansehen, das Leben als Software. In der anthroposophischen Terminologie sprechen wir vom Ätherleib als lenkender Kraft des Lebens. Im Gegensatz zum Computerprogramm ist der Ätherleib allerdings eine Steuerungskraft, die aus dem Bild einer Gesamtheit heraus tätig ist, und nicht ein Ganzes, das aus Teilen aufgebaut ist. Alles ist dort in einem lebenden und lebendigen Zusammenhang.

Man kann auch ein anderes Bild wählen und dem Ätherleib Fachkenntnis, fachmännisches Können zuerkennen. Fachmännisches Können kann in jemandem vorhanden sein. Es hängt mit der Kenntnis eines Fachgebietes und des Materials zusammen, mit dem jemand arbeitet. Auch hier ist dies wieder so lange unsichtbar, bis jemand an die Arbeit geht. Im Resultat erst zeigt sich das fachmännische Können.

Wenn wir uns ein Bild davon machen wollen, wie das Steuerprogramm eines lebenden Organismus arbeitet, schauen wir uns an, wie ein Embryo wächst oder eine Pflanze, beispielsweise eine Narzisse im Frühjahr. Oder wir stellen uns den Vorgang nur innerlich vor: Zuerst erscheinen die grünen Blattspitzen; sie strecken sich. Langsam kommt auch ein Stängel mit einer Knospe nach oben. Und dann öffnet sich die Knospe und die Blüte wird sichtbar. Prächtig gelb strahlt die Narzisse. Am Ende zieht das Leben sich zurück und die Narzisse stirbt oberhalb der Erde ab. Unter der Erde aber, in der Zwiebel, konserviert sie das Leben.

Wenn man näher herangeht, kann man es noch detaillierter beschreiben. Dann wird die Realität des Steuerprogramms deutlicher sichtbar. Unter der Erde steckt die Zwiebel. Mit Beginn des Frühjahrs wird sie lebendig. Oder, anders ausgedrückt, wird das Steuerprogramm aktiv. Es bringt genau im richtigen Augenblick die Zellteilung in Gang. Offensichtlich steht das Steuerungsprogramm in Verbindung mit dem Verlauf der Jahreszeiten, also mit der Sonne, dem Mond und den Sternen. Die Narzissen blühen immer im Frühjahr – nach den Krokussen und eher als die Tulpen. Könnte das vielleicht auf größere Steuerungsprogramme hinweisen?

Die Zellen vermehren sich. Jetzt können wir noch näher herangehen. Dann sehen wir, wie die erbliche Substanz in der Zelle, die DNA, sich teilt, um die erbliche Substanz der neuen Zelle zu bilden. Doch dann geschieht etwas Eigenartiges. In einer nächsten Zelle kann ein anderer Teil der DNA-Information aktiviert werden, wodurch die neue Zelle eine andere Form und Funktion als die Mutterzelle erhält. Konkret: Die Mutterzelle kann vor allem die Funktion haben, neue Zellen zu produzieren, während die Tochterzelle eine Blattzelle wird mit der Funktion, Sonnenlicht aufzunehmen und dadurch Energie freizumachen. Diesem Vorgang begegnen wir ständig beim Wachstum: Im richtigen Augenblick teilt sich die Mutterzelle, und es entsteht eine andere Art Zelle; in der Pflanze beispielsweise die Zelle, die einen Stängel oder Borke bildet, eine Blütenzelle wird oder eine Zelle, die Farbe bekommt, oder eine, die Duft produziert. Wir können uns fragen: Woher wissen diese Zellen genau, was und wann sie es tun müssen? Wo befindet sich dieses Wissen? Oder besser: Welche Weisheit besitzt die Pflanze?

Dann kann sich die Frage anschließen: Woher wissen die Zellen, wann sie aufhören müssen zu wachsen? Die Formen der Narzissenblätter sind identisch. Sie sind nicht rund, sondern länglich, und sie wachsen in die Höhe. Alle Blätter zusammen bilden in ihrer Form eine gewisse Harmonie. Eins ist nicht willkürlich viel länger als das andere. Sie bilden eine Einheit. Wie auch alle Zellen in den Blättern der Eiche wissen, wie sie die Gestalt eines Eichblatts formen. Und das für einen ganzen Baum, die Eiche! Auch da können wir eine Art Wissen, Weisheit vermuten.

Aufgrund dieser Phänomene können wir die Hypothese aufstellen: Es existiert eine Art Programm in lebenden Wesen, das die sichtbaren Wachstumsprozesse steuert. Solange dieses Steuerungsprogramm mit dem Stoff verbunden ist, handelt es sich um einen lebenden Organismus, und Form wie auch Leben bleiben vorhanden. Wenn das Programm sich vom Stoff löst, verfällt dieser zu totem Stoff, der in der Folge von anderen Kräften beherrscht wird.

Wenn wir uns einen sich entwickelnden Embryo anschauen, können wir dort genau wie bei der Pflanze ein Steuerungsprogramm vermuten. Es bewirkt, dass der Embryo genau so und nicht anders wächst. Wenn die Umstände es hergeben und es sich um ein »gutes« Programm handelt, entwickelt sich ein gesundes Kind. Und dieses (Aus-)Bilden geht durchs ganze Leben weiter. Aus dem Säugling entwickelt sich der Körper eines Kleinkindes, eines Kindergartenkindes, eines Schulkindes, später folgen der Körper des Jugendlichen und schließlich eines Erwachsenen. Und noch später der Körper eines alten Menschen. Wir können dies eine natürliche Alterung nennen, aber eigentlich handelt es sich um eine kontinuierliche Veränderung voller Metamorphosen. Und wenn wir den Köper als Instrument für die Seele sehen, für die Individualität, bekommt diese Individualität fortwährend ein anderes Instrument – ein Instrument mit immer wieder anderen Möglichkeiten und Einschränkungen.

Doch das Programm ist nicht vollkommen festgelegt. Es wird auch von der Umgebung beeinflusst, von der zur Verfügung stehenden Nahrung sowie von den Gegebenheiten des Klimas. Außerdem wird dauernd improvisiert. Wenn etwas schiefgeht, kann es oft auch wieder zurechtgerückt werden. Ein einfaches Beispiel: Du schneidest dich versehentlich in den Finger. Es entsteht eine Wunde. Der Körper versucht, den Finger wieder in seinen ursprünglichen Zustand zurückzuversetzen. Das bedeutet, dass Energie gebraucht wird, um die Wunde zu heilen. Die Wunde blutet, und das spült die Wunde sauber. Dann gerinnt das Blut, es bildet sich Schorf. Der schützt die Wunde, im Schorf bilden sich Bindegewebsfasern, die die Wundränder enger zusammenziehen. Von den Wundrändern aus bildet sich ein Gewebe, das diese Ränder miteinander verbindet. Und dann wird eine neue Haut gebildet, die die Wunde abschließt. So ist jetzt der ursprüngliche Finger neu gebildet worden.

In einer Beschreibung wie dieser treffen wir oft die passive Form an: *Es wird dies, es wird das* ... Oder es wird so beschrieben, als geschehe alles von selbst. Wir können aber auch eine Beschreibung wählen, die vom Ätherleib ausgeht. Dann sehen wir, wie dieses ätherische Programm aufgebaut ist und welche Entwicklungsschritte es in Gang setzt. Es lässt das Blut gerinnen, es lässt Bindegewebsstränge entstehen, es lässt die Wundränder aufeinander zu wachsen, es bringt eine neue Haut zustande. Diese aktivere Form des Beschreibens lässt nicht vage offen, welches die lenkende Kraft ist. Wenn wir einen Prozess auf diese Art beschreiben, wird die Kraft, die diesen Prozess in Gang setzt, deutlicher sichtbar.

Der Ätherleib sorgt also für die Wachstumsprozesse, für die Heilung von Beschädigungen und für Differenzierung in der Zeit. Seine Arbeit erscheint im Sichtbaren, der Ätherleib selbst aber ist nicht sichtbar (auch hier wieder die Übereinstimmung mit einem Computerprogramm). Es geht um eine Art Bauplan, einen Entwurf, um eine Zusammenstellung von Gedanken. Ohne diese Gedanken kann der lebende Organismus nicht wachsen und funktionieren. Auch ein Gedanke ist nicht sichtbar, er kommt von innen. Er entsteht in uns, bzw. wir bauen ihn in innerer Aktivität auf. Wir können eine Vorstellung damit verbinden, ihm Worte geben. Dadurch können wir diesen Gedanken anderen übermitteln. In diesen Gedanken stecken die Bilder davon, wie eine Form entstehen soll und wie diese sich im Laufe der Zeit entwickeln kann. Der Gedanke strebt ein Ziel an; dadurch kann man von einer Entwicklung in der Zeit sprechen.

Ätherkräfte sind somit bildende Kräfte. Dadurch ist der Ätherleib auch das Kräftefeld, das unser Gedächtnis trägt. Im Gedächtnis tragen wir die Bilder dessen in uns, was wir in der Vergangenheit erlebt haben. Diese Gedanken sind mehr oder weniger unbewusst. Weniger immer dann, wenn wir in Gedanken mit etwas anderem beschäftigt sind, doch wenn wir uns darauf konzentrieren, können wir diese Bilder sofort aufrufen. Andere Erinnerungsbilder sind viel tiefer im Unbewussten gespeichert und lassen sich schwerer heraufholen; oft sind sie gar nicht mehr erreichbar. Das gilt vor allem für Erinnerungen aus der frühen Kindheit sowie für verdrängte Erinnerungen.

Gedanken sind schöpferisch. Aus einem Gedanken können neue Dinge entstehen. So ähnlich können wir uns auch die Entwicklung einer praktischen Sache wie zum Beispiel dem Smartphone vorstellen. Dieses Gerät hat auch einen Evolutionsprozess hinter sich. Das Ganze fing damit an, dass man den Wunsch hatte, miteinander auch aus großer Entfernung sprechen zu können. Ein Kabel und ein Apparat, der Klang in Strom umsetzt und Strom wieder in Klang umsetzen kann. So entsteht das Telefon. Zuerst der Gedanke, dann der Apparat. Und dann ein Evolutionsprozess, schrittweise, von immer wieder neuen Gedanken gelenkt.

Woher kommt eigentlich ein Gedanke? Es gibt die Sichtweise, dass Gedanken von der Arbeit des Gehirns verursacht werden. Und dass sie dadurch mehr oder weniger spontan auftauchen können. Dabei bleibt offen, wie das genau geschieht und wie der Inhalt eines Gedankens zustande kommt. Denn wie sollte etwas Abstraktes wie ein Gedanke aus einem biochemischen Prozess entstehen? Ein Gedanke ist etwas Geistiges. Er kann sich zu einem konkreten Bild verdichten. In der Gesetzgebung spricht man von »geistigem Eigentum«, wenn jemand ein Patent für eine Idee anmelden will oder wenn man von Urheberrecht spricht.

Ein Bekannter von mir mit einer Behinderung erzählte mir einmal, wie er mit anderen Menschen mit Behinderung in Gedanken kommuniziere. Sie brauchten dazu keine Worte, meinte er. »Auf die Art kommunizierst du immer mit Wahrheiten. Ihr dagegen habt Worte nötig, und dadurch entstehen die Missverständnisse«, sagte er. Das erscheint mir sofort nachvollziehbar, wenn ich darüber nachdenke, wie viel Mühe es oft kostet, einen Gedanken gut in Worte zu fassen, sodass keine Missverständnisse entstehen und ich trotzdem dem Bild gerecht werde, das ich innerlich vor mir habe.

So betrachtet ist der Gedanke etwas Geistiges. Dieses Geistige kann sich in Worte und Bilder verdichten und von da aus weiter den Weg in den Stoff, ins Physische nehmen.

Der Ätherleib sorgt also für Aufbau und Instandhaltung eines lebenden Organismus, für Genesung und Fortpflanzung. Wir können seine Arbeit unter vier verschiedenen Aspekten betrachten:

1. im Lebendigen des Stoffwechsels;
2. in der formbildenden Kraft, die dem stofflichen Körper Form verleiht;
3. in der Energie, die für den Empfindungsleib frei wird;
4. und in der Wärme, die fortwährend frei wird und für die richtige Temperatur im Körper sorgt.

In anthroposophischen Begriffen ausgedrückt, sind dies vier Äthersorten, der chemische Äther, der Lebensäther, der Lichtäther und der Wärmeäther.

Pflanzen, Tiere und Menschen haben einen solchen Ätherleib. Bei den Pflanzen ist er auf die ungestörteste Art tätig: Er wird nicht beeinflusst, weil die Pflanze sich nicht bewegen oder zum Bewusstsein kommen muss. Der Ätherleib der Pflanze ist eng mit den Umgebungskräften – der Erde, der Luft, der Sonne und des Mondes – verbunden. Er sorgt für die Aufnahme von Mineralien aus der Erde, von Kohlensäure aus der Luft und von Wärme und

Energie aus dem Sonnenlicht. Mit deren Hilfe kann er im Stoffwechsel der Pflanze Baustoffe zusammenstellen. Danach kann er dafür sorgen, dass diese Baustoffe sich an die richtigen Orte bewegen und in die richtige Form eingefügt werden. Das Resultat seiner Arbeit wird für uns in der stofflichen Welt sichtbar. Der eigentliche Prozess aber bleibt dem Auge verborgen.

Alle lebenden Organismen haben einen Ätherleib. Sie alle zusammen sind Teil des ätherischen Organismus der Erde. In der stofflichen Welt können wir einen deutlichen Unterschied zwischen den verschiedenen Pflanzen und Tieren machen. In der ätherischen Welt aber besteht ein viel größerer Zusammenhang zwischen den verschiedenen Wesen. Das äußert sich beispielsweise in der engen Verbindung zwischen Baumwurzeln und Pilzen; sie verweben sich miteinander, und beide profitieren davon. Oder in der engen Verbindung zwischen Schmetterlingen und Wirtspflanzen: Der Jakobskrautbär legt seine Eier auf die Blätter des Jakobs-Kreuzkrauts. In Regionen, in denen das Kraut großflächig vernichtet wird, verschwindet auch der Schmetterling.

Der Ätherorganismus ist somit eine vitale Hülle der stofflichen Erde. Von einem geistigen Standpunkt aus gesehen werden die Ätherkräfte, die auf der Erde in den lebenden Organismen tätig sind, aus dem kosmischen Äther ernährt. Wir drehen es um: Zuerst gab es den kosmischen Äther als ein lebendes kosmisches Ganzes. Daraus sind die einzelnen Ätherleiber entstanden, und die wiederum sind die Grundlage für die stofflichen lebenden Wesen. Durch eine weitere Verdichtung der Ätherenergie ist aus der kosmischen Energie das Stoffliche entstanden. Von diesem Gesichtspunkt aus gibt es zuerst das Lebendige, und das Tote ist daraus entstanden.

Im Lebendigen, in der ätherischen Wirklichkeit, kann man

Wesen erkennen. Sie werden in mehreren Kulturen bei Namen genannt: Gnome oder Zwerge, Undinen oder Nymphen, Elfen und Feuergeister. Es sind die Wesen, die jeweils mit dem Erdelement, dem wässrigen Element, dem luftigen und dem feurigen Element verbunden sind.

Wir reden von einem Steuerungsprogramm. Wir können ihm einen Namen geben, eine eigene Bezeichnung. In der wissenschaftlichen Tradition kann man von einem wirksamen Feld wie dem Gravitationsfeld oder von einem elektromagnetischen Feld sprechen. Auch der britische Biologe Rupert Sheldrake spricht von Feldern der Wirksamkeit, den sogenannten morphischen, morphologischen oder morphogenetischen Feldern. So könnten wir den Ätherleib auch das Feld von Lebenskräften oder Lebenskräftefeld nennen.

Der Empfindungsleib

Das aufbauende Kräftefeld des Ätherleibs hat den physischen Leib hervorgebracht. Aber damit kann dieser Körper noch keineswegs einem Tier oder einem Menschen dienen. Dafür braucht es mehr. Der ganze Aufbau eines Körpers geschieht in einer Art schlafendem Zustand. Das sehen wir bei der Pflanze, das sehen wir auch bei den Säuglingen, die viel schlafen und intensiv wachsen. Nach und nach werden sie wacher. Sie blicken bewusster und nehmen ihre Umgebung mit mehr Bewusstsein sinnlich wahr. Ihre Bewegungen werden gezielter, während diese zuvor eher willkürlich erschienen. Dieser Prozess setzt sich während des Älterwerdens schrittweise fort: Der Aufbau zieht sich etwas zurück, und andere Prozesse sind gefordert, damit der Körper immer mehr zu einem Instrument wird. Dazu findet eine Verschiebung der Energie zu anderen körperlichen Prozessen statt. Es wird sozusagen Spannung erzeugt, gestartet, wie ein Computer hochgefahren wird. Und das geschieht, indem ein Teil der Ätherkräfte sich vom Ätherleib im engeren Sinne löst, um neue Stoffwechselprozesse stattfinden zu lassen, die nicht länger auf den Aufbau des Körpers, sondern auf dessen Gebrauch konzentriert sind.

Diese Prozesse sind in der Evolution nach und nach entstanden (beziehungsweise aus dem Ätherischen gebildet). Um als Instrument dienen zu können, musste der Körper frei von seiner Umgebung werden und sich durch den Raum bewegen können (was die Pflanze nicht kann). Die Pflanze kann ihre Nahrung und das Wasser direkt aus der Erde und ihre Energie von der Sonne aufnehmen. Das Tier kann das nicht. Diese Möglichkeit, so unmittelbar an seine Nahrung zu kommen, hat es zugunsten der Bewegungsfreiheit aufgegeben. Die Fähigkeit, aus totem Stoff vitalen Stoff zu machen, hat es jetzt nicht mehr. Deshalb muss es Pflanzenstoffe in sich aufnehmen, um seinen Körper aufzubauen. Dazu aber braucht es ein Verdauungssystem, das die Pflanzennahrung aufnehmen, zerlegen und sie sich zu eigen machen kann. Das sehen wir schon bei den primitivsten Tieren wie den Einzellern. Sie schwimmen im Wasser, sind abhängig von der Strömung und nehmen kleine Pflanzenteile in sich auf. Die zerlegen sie in ihrer einen Zelle und bilden mit diesen Bausteinen neue, eigene Stoffe, um leben zu können. Allmählich bilden sich Tiere mit viel mehr Zellen und einem komplizierten Organsystem. Der Regenwurm hat bereits einen Darm, die Fische Verdauungsorgane wie eine Leber. Der Körper wird immer komplexer und bietet immer mehr Möglichkeiten.

Dann entsteht mit einem zweiten System die Möglichkeit zum Wahrnehmen: zuerst mit der Haut, später mit spezialisierten Organen wie Augen und Ohren. Wichtig ist auch ein Organ, das dazu dient, sich gezielter und selbstständiger zu bewegen.

Letztlich hat das zu folgenden funktionalen Prozessen in einem Körper wie dem unseren geführt:

1. Magen-Darm-System;
2. Muskulatur;
3. Sinneswerkzeuge;
4. Gehirn;
5. hormonales Regulierungssystem;
6. autonomes Nervensystem, das zusammen mit den Hormonen das Ganze im Zusammenwirken reguliert.

Diese Prozesse geben der Seele die Möglichkeit, den Körper gezielt als Instrument zu benutzen. Das Magen-Darm-System bietet die Möglichkeit, frei von der direkten Verbindung mit einem einzigen Ort zu sein. Die Sinne sind die Instrumente, mit deren Hilfe wir die Umgebung aus der Nähe und aus der Ferne in unterschiedlichen Qualitäten wahrnehmen, in ihrer Form (mit dem Tastsinn), im Bild (mit dem Auge) und im Klang (mit dem Ohr). Die Muskeln geben uns die Möglichkeit, uns zu äußern und uns in der Welt zu bewegen.

Das zusammenfassende Kräftefeld können wir das gebrauchs-vitale Feld nennen. In der anthroposophischen Tradition wird dies Feld Empfindungsleib genannt.

Die Kräfte des Empfindungsleibs bereiten den Körper morgens rechtzeitig darauf vor, die Seele zu empfangen und so wach zu werden. Die Chronobiologie, der Zweig der Biologie, der den Einfluss der Zeit auf die Rhythmen des Körpers untersucht und sich vor allem mit dem Einfluss der Sonne befasst, hat herausgefunden, dass die Nebenniere morgens um fünf Uhr in der Produktion von Adrenalin und Cortisol aktiver wird. Es sind die sogenannten Stresshormone. Ihr Nutzen besteht darin, dass sie die richtige Spannung zum Wachwerden erzeugen. Sie bieten der Seele die Möglichkeit, nach der Nacht in einen geeigneten Körper zu kommen und gut in ihm wirken zu können. Praktisch gesagt: Wir machen die Augen auf und können sofort loslegen. Wenn der Körper noch nicht bereit ist für die Seele, empfinden wir das als einen Widerstand, gegen den wir ankämpfen müssen. Ein ähnliches Phänomen sehen wir bei Menschen, die zwar wach werden in ihren Sinnen und Muskeln, doch die Aktivität des Magens und Darms kommt noch nicht in Gang. Das sind die Menschen, die erst im Laufe des Vormittags frühstücken können und das Gefühl haben, einen Stein in den Magen zu bekommen, wenn sie früher essen.

Es besteht eine Art Polarität zwischen dem Ätherleib und der Empfindungsseele. Sie haben eine entgegengesetzte Funktion. Der Ätherleib dient dem Aufbau, der Empfindungsleib dem Gebrauch. Der Gebrauch führt zum Abbau der zur Verfügung stehenden Energie und zu Beschädigung oder Abnutzung von Gewebe. Das muss dann wieder vom Ätherleib kompensiert werden. Wir können das mit der Funktion einer aufladbaren Batterie vergleichen. Diese Energie in unserem Smartphone ermöglicht uns das Telefonieren oder das Surfen im Internet. Wenn die Batterie leer ist, müssen wir das Smartphone an ein Ladegerät anschließen. Wenn sie aufgeladen ist, können wir das Instrument wieder gebrauchen. Einen vergleichbaren Prozess finden wir im Körper. Der Körper wird nach fünf Uhr morgens allmählich in einen wacheren Zustand versetzt, auch wenn wir noch schlafen. Er nähert sich dem Punkt, »einsatzbereit« zu sein. Und im Laufe des Abends liegt die Betonung allmählich wieder auf dem Aufbau und der Erholung. Das äußert sich darin, dass die Nebennierenhormone weniger aktiv werden und die Bildung des Wachstumshormons in der Hypophyse zunimmt. Der Körper bereitet sich also physiologisch auf den Schlaf vor, auch wenn wir noch gar nicht schlafen wollen. Das ist ein autonomer Prozess, der in Zusammenhang mit der Verbindung zur Sonne steht. Daher ist es auch nicht gleichgültig, wann wir schlafen. Die acht Stunden Schlaf, die wir vielleicht für eine gute Gesundheit brauchen, sind vom Körper aus gesehen am effektivsten, wenn wir die Zeit zwischen elf und sieben Uhr nutzen.

Ein schönes Beispiel dafür, wie der Rhythmus zwischen Ätherleib und Empfindungsleib funktioniert, entdecke ich bei den Zugvögeln. Bevor die Vögel ihre Langstreckenflüge von einigen Tausend Kilometern starten, legen sie sich Fettvorräte an, um unterwegs genügend Brennstoff zur Verfügung zu haben. In dieser Phase schwinden die Kräfte der wichtigsten Flugmuskeln und des Herzens; dagegen wachsen Magen und Leber. Der Körper stellt sich intensiv darauf ein, aufzubauen. Nach ein paar Wochen, wenn das gewünschte Gewicht erreicht ist, schwindet die Kraft in Magen und Leben wieder, die Kraft des Herzens und der Flugmuskeln wächst, bis sie eine Stärke erreicht haben, die optimal für den Flug ist. Dann können sie losziehen.
Nach ihrer Ankunft im Land, in dem sie überwintern wollen, setzt ein entsprechender Prozess ein, der sie nach der Anstrengung wieder zu Atem kommen lässt! Der Ätherleib sorgt für den Aufbau, der Empfindungsleib für die Kraft, den Anstrengungen des Fliegens gewachsen zu sein.

Das oben Beschriebene bringen wir jetzt noch einmal ins Bild. Die Materie sieht unbeweglich und ruhig aus. Wir können das mit einer kahlen Landschaft im Winter vergleichen. Wir sehen nur Erde, keinerlei Gewächse. Es ist ruhig. Dann bricht das Frühjahr an. Die Lebenskräfte fangen an zu arbeiten. Die unstofflichen Ätherkräfte gehen ans Werk. Wir sehen Wachstum, und nach einiger Zeit ist der kahle Boden mit Pflanzen bedeckt. Im Sommer, wenn sich die Natur noch stärker entfaltet, entstehen nach dem Wachstum auch Blüten. Blumen blühen auf, Farbe kommt hinzu, dann auch Düfte. Durch Düfte und Farben wird der Charakter der verschiedenen Bereiche der Natur noch deutlicher. Die Blühkräfte entstehen aus den Wachstumskräften.

Der Körper hat jetzt drei Aspekte: den stofflichen Körper, den Ätherleib als nicht sinnlich wahrnehmbares Steuerungssystem des stofflichen Körpers und den Empfindungsleib als Seele. Sie bildet die Grundlage dafür, dass wir wirklich im Körper leben und arbeiten können. Alle drei haben ihre Besonderheiten. Der Ätherleib ist als Grundlage für jeden Menschen gleich. Dadurch können wir ein Menschenwesen als Menschen erkennen: Er hat einen Kopf, Gliedmaßen, ein Brust- und Bauchgebiet. Die Organe befinden sich im Prinzip bei allen Menschen am selben Platz. Doch innerhalb dieses Gemeinsamen gibt es eine Variation individueller Charakteristika. Und dadurch können wir andere Menschen als Individuen erkennen und sie voneinander unterscheiden.

Auf die Konfiguration des Empfindungsleibs in seiner eigenen persönlichen Form werde ich später im Kapitel über die Konstitution eingehen.

5 Die drei Schichten der Seele

Die Seele ist der Teil von uns, der ein inneres Leben möglich macht. Die Grundkräfte der Seele sind Denken, Fühlen und Wollen.

- Die Bausteine des Denkens sind die Begriffe, Urteile (und Vorurteile), Auffassungen, Normen und Werte. Das Denken ist verbunden mit dem Wahrnehmen.
- Das Fühlen hat als Bausteine Emotionen und Gefühle, die von außen wie auch von innen genährt werden. Das Fühlen ist auch Träger der Liebe.
- Das Wollen kennt Impulse und Beweggründe. Es können sowohl egoistische als auch überpersönliche Ideale sein. Der Wille ist mit dem Handeln verbunden.

Die Seele hat, ebenso wie der Körper, eine bestimmte Schichtung. Körper und Seele beeinflussen sich gegenseitig, und das Gleiche gilt für die verschiedenen Schichten der Seele, die sich gegenseitig beeinflussen.

Die Empfindungsseele

Der erste Teil der Seele ist eng mit dem Körper verbunden. Dieser Teil der Seele lebt im Augenblick, im Jetzt. Er reagiert auf die Umgebung mit Urteilen und Emotionen und direkten Impulsen.

Er ist lebendig und ungestüm. Oft brechen ganze Kaskaden von Gefühlen über uns herein, wenn etwas passiert ist, das uns berührt. Das konnten wir an Toms Bericht erleben, wie es im ersten Kapitel beschrieben wurde. Eine Emotion wird ausgelöst, zum Beispiel Angst oder Schreck. Eine unmittelbare Antwort dieser Seele darauf kann sein, dass wir wütend auf denjenigen werden, der diesen Schreck verursacht hat. Damit wird der Schreck abgeschwächt. Aus der Wut kann ein Impuls zum Handeln folgen, der seinerseits durch die Auffassung abgemildert wird, dass sich so etwas nicht gehört oder nicht anständig ist. In der anthroposophischen Terminologie ist dieser Teil der Seele die Empfindungsseele.

Die Empfindungsseele ist auch der Bereich der Verführungen. Verführungen treten ununterbrochen auf, von innen und von außen. Von innen beispielsweise in der Form von Appetit auf Essen, Naschen, Trinken; von außen durch die Angebote in der Werbung, im Fernsehen, im Internet oder auf der Straße in den Schaufensterauslagen. Sie versuchen, die Seele zu reizen und zu Sachen anzustiften, die nichts mit unserem Selbstbewusstsein oder echtem Willen zu tun haben. Sie verführen uns zu einem Verhalten, von dem wir uns letztlich klarmachen, dass es uns unfrei macht. Auch Abhängigkeit und Sucht gehören zu diesem Teil der Seele.

Ein anderer Aspekt dieses Teils der Seele sind Sympathie und Antipathie. Sympathie und Antipathie für oder gegen Gewohnheiten, Musik- oder Kunstrichtungen. Oder Sympathie und Antipathie gegenüber anderen Menschen. Die Antipathie kann zu Gedanken und Urteilen führen, die uns immer wieder durch den Kopf gehen und unsere Stimmung beeinflussen, ohne dass wir uns dessen recht bewusst sind oder uns dafür verantwortlich fühlen. Das gilt natürlich genauso für die Urteile, die wir über uns selbst haben. Sie äußern sich meistens als Stimme eines inneren Kritikers, der uns in endlosen Wiederholungen immer wieder dasselbe sagt.

Alle Reaktionen in diesem Teil der Seele haben einen unmittelbaren Einfluss auf die Biochemie im Körper. Unser Körper reagiert auf das, was in unserer Seele geschieht.

Diese Seele ist lebendig. Mal himmelhoch jauchzend – mal zu Tode betrübt. Oft fehlen die Nuancen dazwischen, und dies kann durch spontane Reaktionen zu schwierigen Situationen führen. Wenn dieser Teil aktiv ist, hält unser Selbstbewusstsein sich mehr im Hintergrund. Dieses Selbstbewusstsein lebt mehr in den folgenden Seelengliedern.

Der Fallstrick der Empfindungsseele ist, dass man in einem der beiden Pole stecken bleibt, sich kritiklos in Sympathie verliert oder in Antipathie verhärtet. Oder endlos zwischen den beiden Polen hin und her geworfen wird und keine Mitte finden kann.

Und ein Tier? Auch das Tier ist Träger einer Empfindungsseele. Auch ein Tier hat seine Erlebnisse, seine Impulse, seine Vorstellung von der Welt, die es umgibt. Je nach Tierart sind die Inhalte der Empfindungsseelen sehr unterschiedlich. Bei Tieren sprechen wir auch von Instinkt, wenn es um die Empfindungsseele geht. Ein Regenwurm hat eine geringere Vielfalt in seiner Empfindungsseele als eine Katze oder ein Pferd. Tiere, die in der Evolution später entstanden sind, haben eine reichere Seele. Dabei fällt auf, dass die einzelnen Seelen innerhalb einer Tierart sich in ihrer Färbung, ihrem Kolorit sehr ähneln, mit Variationen, die auch zum Ganzen der Tierart gehören; so haben die Bienen eine Königin, Arbeitsbienen und Ammenbienen. Das gilt vor allem dann, wenn die Tiere durch ihren Kontakt mit Menschen nicht »angesteckt« und dadurch in ihrer Seele und ihrer körperlichen

Funktion verändert sind. Alle Kühe fressen Gras, Löwen fangen andere Tiere, und die Taktik ist bei allen gleich. Deshalb können wir bei Tieren auch von einer Gruppenseele sprechen, einer einzigen großen Seele, die sich mit allen Tieren dieser Art verbunden hat und bewirkt, dass der individuelle Unterschied zwischen den einzelnen Tieren innerhalb einer Art viel weniger individualisiert ist als beim Menschen.

Der Unterschied zwischen der Empfindungsseele und dem Empfindungsleib liegt darin, das Letzterer auf wirklich körperlich nachvollziehbaren Prozessen beruht, während das Erleben von Emotionen und den daraus folgenden Urteilen in der Seele stattfinden. Stress ist eine Eigenschaft der Empfindungsseele. Er ist eine etwas aufgeregte Stimmung, die dazu führt, dass wir uns Gedanken machen über alles, was wir noch tun müssen oder zu tun vergessen haben. Unser Handeln verliert dadurch etwas von seiner Effizienz. Der damit möglicherweise erhöhte Adrenalinspiegel ist ein körperliches Phänomen des Empfindungsleibs und kann seinerseits zu einem erhöhten Blutdruck oder zu Verkrampfung der Muskeln (Rücken- und Nackenbeschwerden) führen.

Verliebtheit ist eine Qualität der Empfindungsseele, das dabei auftretende Herzklopfen und die sexuelle Lust sind eine Seite des Empfindungsleibs.

Die Verstandes- oder Gemütsseele

Wir können Abstand von uns nehmen und auf uns selbst blicken. Das ist eine typisch menschliche Qualität. Die Formulierung, dass wir auf uns selbst blicken können, besagt schon, dass wir verschiedene Instanzen in uns erleben: nämlich denjenigen, der blickt, und denjenigen, der betrachtet wird. Wo liegt der Unterschied? Wenn wir unser eigenes Stressmuster betrachten, sehen wir, wie gehetzt wir handeln und wie unsere Gedanken rotieren. Das ist die Unruhe. Doch derjenige, der das wahrnimmt, ist dabei relativ ruhig. Er hat einen anderen Standpunkt. Es ist ein zweiter Teil der Seele, den wir in der Anthroposophie Verstandes- oder Gemütsseele nennen. Dies ist der Teil der Seele, der über den Tagesereignissen steht und Abstand von den Ereignissen des Augenblicks nehmen kann. Dadurch kann dieser Teil der Seele auch die größeren Linien der Ereignisse erkennen. Er erkennt die Gesetzmäßigkeiten. Von der Verstandes- oder Gemütsseele aus können wir erkennen, dass ein Ereignis, das zu einem bestimmten Augenblick stattfindet, in Zusammenhang mit Ereignissen steht, die viel früher stattgefunden haben. Es ist wie ein Echo aus der Vergangenheit. Wenn wir das erkennen, kann dem heutigen Ereignis etwas von der damaligen unmittelbaren emotionalen Reaktion genommen werden; wir machen uns klar, dass jene Heftigkeit der Emotion nichts mit dem jetzigen Augenblick zu tun hat.

Wenn wir von der Verstandes- oder Gemütsseele aus auf die Empfindungsseele blicken, sehen wir auch unsere Sympathien und Antipathien. Das geschieht natürlich nicht mit unseren Sinneswerkzeugen. Dieses *Sehen* ist eine innere Wahrnehmung.

Mithilfe der Kräfte der Verstandes- oder Gemütsseele bauen wir ein Begriffssystem für die Welt um uns herum wie auch für uns selbst auf. Dadurch entsteht größere Übersicht, größeres Verständnis. Es erhebt uns über den Augenblick selbst hinaus und vermittelt uns ein Gefühl der Verbindung mit den größeren Prozessen in unserem Leben. Beim Aufbau eines solchen Begriffssystems ist es immer die Frage, wieweit es der Wirklichkeit entspricht oder viele Illusionen enthält. Wir können uns fragen, inwiefern das Begriffssystem die Weisheit der Welt insgesamt spiegelt. Und wie verhält es sich zu dem Begriffssystem eines anderen? Wie viel davon entstammt unserer liebevollen Wahrnehmung? Und wie viel entstammt unserem Eigeninteresse? So können bei verschiedenen Menschen oder Gruppen andere Begriffssysteme entstehen. Nehmen wir als Beispiel den Unterschied zwischen einem materialistischen und einem eher spirituellen Weltbild, wie es diesem Buch zugrunde liegt.

Die Verstandes- oder Gemütsseele kennt die beiden Pole Denken und Fühlen. Die Gefahr liegt darin, dass wir uns in Einseitigkeiten begeben. Im Denken bedeutet es ein Steckenbleiben in Vorstellungen, also dogmatisch zu werden, im Gefühl kann es dazu führen, die Nüchternheit zu verlieren.

Der Augenblick, in dem wir leben, verursacht eine unmittelbare Reaktion auf die Ereignisse um uns herum. Das ist ein lebendiges Geschehen in der Empfindungsseele. Und was in der Empfindungsseele geschieht, wird seinerseits Wahrnehmungsobjekt des genannten höheren Teils der Seele. Das Ganze ist ein innerer Seelenprozess, unabhängig von der stofflichen Welt und deren direkter Wahrnehmung. Gesetzmäßigkeiten können wir nicht sinnlich wahrnehmen. Wir erkennen die Gesetzmäßigkeit, indem wir verschiedene Wahrnehmungen miteinander verbinden und die Wirkung der unsichtbaren Gesetzmäßigkeit daraus ableiten. Das gilt für die Wissenschaft bei der Entdeckung der Gesetzmäßigkeit etwa der Schwerkraft, wie bei der Entdeckung, dass man Migräne bekommen kann, wenn man zu wenig geschlafen hat.

Beim Übergang der Empfindungsseele zur Verstandes- oder Gemütsseele vertieft sich das Denken. Es wird weiter und führt so zu einer größeren Übersicht. Das gilt auch fürs Gefühl. Emotionen – die mehr momentgebunden sind und auf den Input der

Sinneswerkzeuge reagieren – vertiefen sich zu Gefühlen. Gefühle, die zur Verstandes- oder Gemütsseele gehören, fluktuieren weniger, sind stabiler. Man kann in dieser Schicht ein Mensch mit optimistischen Gefühlen sein, während wir oberflächlicher gesehen dennoch Angst vor dem haben, was auf uns zukommt. Doch dann dringt die Angst weniger tief in uns hinein.

Die Fähigkeit, Abstand von uns selbst zu nehmen und auf uns selbst – also auf unsere Empfindungsseele – zu blicken, schenkt uns auch die Möglichkeit, uns bewusst zu entwickeln. Wir können dann die verschiedenen Aspekte, die in unserer Empfindungsseele leben, voneinander unterscheiden. Von da aus können wir beurteilen, auf welche Eigenschaften wir gern verzichten und welche neuen Qualitäten wir entwickeln möchten. Oder auch, welche Eigenschaften wir behalten wollen, weil sie unserer Meinung nach durchaus zu unserem Wesen gehören.

Zwischen diesen beiden Schichten der Seele gibt es oft eine gewisse Spannung. Wir können eine Situation überblicken und aus innerer Sicherheit und Einsicht handeln. Wir wollen zum Beispiel in der Küche ein neues, kompliziertes Rezept ausprobieren und haben die volle Übersicht. Wir handeln aus der Verstandes- oder Gemütsseele. Ansonsten ist es ruhig im Haus. Plötzlich kommt ein Kind jammernd und weinend hereingelaufen und wir sind abgelenkt. Wir drehen uns um und verbrennen uns die Hand an einer heißen Pfanne. Wir herrschen das Kind wütend an; ungerechterweise. Und, siehe da, auf einmal sind wir mit unserem Wesen im Bereich der Empfindungsseele gelandet. Doch zum Glück machen wir uns schnell klar, dass das Kind auch nichts dafür kann, und dass wir ungerecht waren. So kommen wir wieder zurück in die Verstandes- oder Gemütsseele. Von da aus können wir wieder reagieren und entschuldigen uns.

Wie dieses Umschalten von der einen Seele zur anderen Seele vor sich gehen kann, werden wir später sehen. Eine spannende Angelegenheit!

Die Bewusstseinsseele

Und dann gibt es eine dritte Seelenschicht. Sie ist am weitesten von den täglichen Geschehnissen entfernt und repräsentiert eine höhere Kraft. Diese Seele sucht nach den geistigen Gesetzmäßigkeiten. Sie ist der Teil der Seele, der offen ist für Werte und Ideale. Hierin leben das Gewissen und die Moralität. Dieser Teil der Seele ist offen für Fragen der Sinngebung und öffnet uns für unsere eigene Spiritualität. In der anthroposophischen Tradition heißt dieser Teil der Seele die Bewusstseinsseele. Denn in der Bewusstseinsseele werden wir uns unseres geistigen Seins und der geistigen Welt bewusst, die hinter den äußeren Phänomenen verborgen ist.

Die Verstandes- oder Gemütsseele macht es uns möglich, Abstand von den Ereignissen des Augenblicks zu nehmen und so darauf zu schauen, welche Reaktionen in unserer Empfindungsseele auftreten. Die Bewusstseinsseele nun macht es ihrerseits möglich, dass wir Abstand von unserer Verstandes- oder Gemütsseele nehmen und sie von der Perspektive der Gesetzmäßigkeiten der Moralität aus betrachten. Und aus der Perspektive der geistigen Realität. Damit heben wir uns noch stärker über uns selbst hinaus. Das Eigeninteresse verschwindet in den Hintergrund, um der allgemeinmenschlichen Moralität Platz zu machen. Unsere Seele hat hier eher einen Ewigkeitsaspekt. Wir nehmen hier wahr, was allgemeinmenschlich ist, was für jeden gut ist, auch wenn es für uns nicht unmittelbar von Vorteil ist. Das Streben nach Solidarität kann eine starke Kraft in der Seele sein. Doch die kann wieder auf Kräfte stoßen, die in den tiefer gelegenen Seelen leben, wie zum Beispiel auf das Bedürfnis nach Ruhe oder danach, einfach nur faul zu sein oder das schicke, allerdings etwas teure Kleidungsstück zu kaufen.

Wie die Empfindungsseele unmittelbar mit den Sinnen verbunden ist und über die Sinne mit der stofflichen Welt, ist dieser Teil der Seele unmittelbar mit einer höheren Welt verbunden, mit der Welt der Ewigkeit, des Geistes. Das kann dazu führen, dass Fragen nach einer eigenen individuellen Form der Spiritualität entstehen. Man wünscht sich eine eigene Verbindung mit Spiritualität und Religion, unabhängig von den existierenden Traditionen. Nicht der Glaube, wie er von anderen festgelegt oder überliefert ist, sondern ein eigener, ursprünglicher Inhalt. Das hängt mit dem Erleben zusammen, dass es mehr gibt, als wir sehen können (der »Etwassismus«*), für das wir aber noch keinen Namen haben.

* Theologie: «Etwassismus» die am meisten verbreitete Religion. Hamburg, 27.11.12 (Kipa) Der Prager Theologe Tomas Halik fordert ein Umdenken beim Thema Atheismus. «Meine Erfahrung aus Tschechien ist: Viele, die sich als Atheisten bezeichnen, negieren ihre Vorstellungen von Gott», sagte er am Montagabend in Hamburg. «Wenn ich nachfrage, sagen viele: Ich bin kein dummer Materialist, ich weiß, dass etwas über uns ist», so Halik, der an der Prager Karls-Universität Soziologie lehrt. »*Etwassismus* ist die am meisten verbreitete Religion unserer Zeit. Dieses ›Etwas‹ ist eine Herausforderung für die Christen, ein Anknüpfungspunkt für den Dialog«, betonte Halik. Heute sinke sowohl die Zahl der überzeugten Christen als auch die der Atheisten, sagte der Wissenschaftler. Die Grenze verlaufe nicht zwischen Gläubigen und Atheisten, sondern zwischen denjenigen, die gegenüber der Frage nach Gott gleichgültig oder auf der Suche seien. Diese gebe es sowohl unter konventionell Gläubigen als auch leidenschaftlichen Atheisten, erklärte der katholische Priester.

Die Empfindungsseele entwickelt sich in der Beziehung zur stofflichen Welt und durch unsere Erfahrungen darin. Wie sich die beiden höheren Bereiche der Seele, die Verstandes- oder Gemütsseele und die Bewusstseinsseele, entwickeln, hängt dagegen viel mehr von uns selbst und von unseren eigenen Bemühungen ab. Indem wir bewusst unsere Entwicklung in Angriff nehmen, durch Selbstreflexion, indem wir aus unseren Erfahrungen lernen wollen oder uns nicht immer wieder am selben Stein stoßen wollen, nehmen wir die Entwicklung in die Hand. Indem wir einen meditativen Weg gehen, können wir dies noch mehr vertiefen (darüber mehr im Kapitel über den inneren Schulungsweg).

Die Wirkung, die aus der stofflichen Welt unmittelbar durch die Sinne in die Seele hereinströmt, ist stürmisch, bunt und lärmend. Die Wirkung aus dem Gebiet des Geistes, wie sie in die Bewusstseinsseele hereinkommt, ist viel zarter. Es kostet viel mehr Mühe, auf sie zu hören. Sie wird schnell von der Empfindungsseele dominiert.

Die Verstandes- oder Gemütsseele liegt zwischen den beiden. Sie bekommt ihre Informationen sowohl aus der stofflichen Welt durch die Empfindungsseele als auch aus der geistigen Welt durch die Bewusstseinsseele. Die Verstandes- oder Gemütsseele bietet die Möglichkeit, über beide Gedanken zu entwickeln und tiefere Gefühle zu pflegen. Die Verstandes- oder Gemütsseele ist eine Art Vermittlerin zwischen den beiden anderen.

Wie die Ätherleiber der verschiedenen lebenden Wesen gemeinsam in Form einer ätherischen Hülle der Erde, die mit der kosmischen Ätherwelt zusammenhängt, ein Ganzes bilden, können wir die Seelenkräfte der verschiedenen beseelten Wesen als eine zusammenhängende Seelenwelt sehen, die sich ebenfalls rund um die Erde legt und diese durchzieht. Und wir als Menschen haben durch die Kraft unserer eigenen Seelen Einfluss auf diese Seelenwelt. Kampf und Streit bewirken in der allgemeinen Seelenwelt eine Art Sturm. Frieden, das gemeinsame Suchen nach Zusammenhang und Zusammenarbeit, bewirkt eine sonnige Atmosphäre in der Seelenwelt. So können wir auch die Kultur einer Organisation oder eines Landes erleben und sie als deren gemeinsame Seele erkennen. Wir können diese Seele oft schon erleben, wenn wir ein anderes Land bereisen. Es ist heilsam für Menschen, in einer solchen Organisation mit einer gesunden Seele zu arbeiten. Wenn die Organisation eine gestörte Seele hat, kann das eine krank machende Wirkung haben. Und wenn die Seele einer solchen Organisation in einen Zustand der Zerstörung geraten ist, ändert sie sich nicht sofort, wenn störende Menschen entlassen werden. Die Erfahrung lehrt, dass eine Betriebskultur sich nicht verändert, indem man einige Menschen austauscht.

Folgendes fiktive Gespräch ist ein Beispiel für die Zusammenarbeit der verschiedenen Bereiche der Seele. Die Situation: Ich laufe durch die Stadt. Es ist warm, ein bisschen zu warm sogar. Ich komme an einem Eiscafé vorbei. Auf der Terrasse sitzen Leute, die genüsslich ihr Eis essen. Eis, das ist was für mich …

Empfindungsseele: »Nicht schlecht, Eis! Schön frisch bei diesem Wetter!«

Empfindungsleib: *(reagiert sofort begeistert)* »Dann werfe ich schon mal die Speicheldrüsen und die Magensäfte an.« *(Ergebnis: Mir läuft das Wasser im Mund zusammen.)*

Verstandesseele: »Du hattest dir doch vorgenommen, weniger Süßes zu essen! Und gestern hattest du schon ein Eis. Sogar zwei, eins in der Stadt und abends zu Hause noch eins …«

Empfindungsseele: »War aber lecker, oder? Und es war doch auch so heiß. Dies ist eine Ausnahmesituation, eine Hitzewelle!«

Empfindungsleib: *(legt noch einen Zahn zu)*

Bewusstseinsseele: »Diese Art der Argumentation kenne ich von dir. Du redest dich immer raus, wenn du von deinen Vorsätzen abweichst.«

Empfindungsseele: »Ist es etwa nicht heiß? Du bist immer so streng, kannst nie genießen. Alles soll immer so furchtbar wohlüberlegt sein ...«

Bewusstseinsseele: *(blickt die Verstandesseele an)* »Da hast du recht. Aber sie hat auch recht. Was machst du mit einmal gefassten Vorsätzen?«

Verstandesseele: *(zur Empfindungsseele)* »Siehst du wohl, sie findet dich auch unausstehlich, so streng. Du erlaubst mir nicht das kleinste Vergnügen. Pah!«

Bewusstseinsseele: *(lächelnd)* »Ich finde sie überhaupt nicht unausstehlich. Das machst du nur daraus. Du magst einfach keine Verantwortung tragen, und sie übernimmt Verantwortung. Wie wollt ihr denn überhaupt weiter miteinander zurechtkommen?«

Verstandesseele und Empfindungsseele: *(gleichzeitig)* »Wenn sie wenigstens ...«

Bewusstseinsseele: *(fällt ihnen in die Rede)* »Genau, wenn sie wenigstens ... So wird das nie was.« (*Denkt: Tja, das ist meine Rolle. Da will ich mal die Führung übernehmen und das Problem lösen.*) »Wisst ihr was? Wir nehmen nur ein kleines Eis, setzen uns ruhig dabei hin, um es ganz langsam aufzuschlecken. Kein Runterschlingen und Schlemmen – und keine Quengelei. Dann setzen wir uns dazu gemütlich auf eine Bank.«

Und da sitzen sie schließlich zu dritt. Schlecken ihr Eis. Der Empfindungsleib muss sich etwas zurückhalten. Denn wenn er kann, schlingt er es in einem Male runter. Die Empfindungsseele geht nicht völlig darin auf, sondern isst in aller Ruhe. Die Verstandes- oder Gemütsseele hält sich mit ihrem Urteil zurück. Denn wenn sie schulmeistern würde, könnte die Empfindungsseele nicht mehr genießen. Die Gemütsseele macht richtig gut mit. Die Bewusstseinsseele ist zufrieden und lässt die anderen an der langen Leine. Sie respektiert sie, setzt ihnen aber Grenzen.

Es ist eine dauernde Wechselwirkung zwischen den drei Schichten der Seele. Sie durchdringen einander und sind nicht voneinander zu trennen – wohl aber zu unterscheiden. Im Laufe des Lebens verändern sie sich in ihrem Verhältnis zueinander. Im Heranwachsen und Älterwerden entwickelt sich zuerst die Empfindungsseele. Später die Verstandes- oder Gemütsseele, und noch später stehen uns die ersten Keime der Bewusstseinsseele zur Verfügung. Im Kapitel über die Entwicklung im Laufe der Zeit werde ich weiter darauf eingehen.

6 Der Geist

Der Geist ist der unsichtbarste, zarteste, aber zugleich auch wichtigste Teil des Menschen. Hierin lebt seine Individualität, hier befindet sich das höhere Ich. Durch das ganze Leben hindurch verändern wir uns. Unser Körper verändert sich in seiner Form und Zusammensetzung vom Säugling zum Kleinkind, zum Jugendlichen und Erwachsenen und so weiter bis zu einem alten Menschen. Unsere Seele verändert sich durch Lebenserfahrung und durch die Veränderungen im Laufe der Zeit. Wir stellen uns einmal vor, wie es ist, wenn wir jemandem begegnen, den wir seit der Grundschulzeit nicht mehr gesehen haben. Körperlich sieht er ganz anders aus, fast nicht wiederzuerkennen. Er ist längst erwachsen geworden und verhält sich dadurch auch anders als damals. Doch er selbst erlebt sich noch immer als dasselbe Wesen, derselbe »Ich-Mensch«, wie Rudolf Steiner in seiner Schrift *Anthroposophie. Ein Fragment* (Kapitel 6: »Das Ich-Erlebnis«) sagt. Alle Erfahrungen, die ihn beeinflusst haben, sorgen dafür, dass sein Ich noch immer sein Ich ist. Das ist der Aspekt des Ewigen in uns, des Ewigen, das durchs ganze Leben hindurch dasselbe bleibt. Das Ich ist der sich nicht verändernde Teil oberhalb der Seele, der den geistigen Teil eines Menschen bildet.

Auch im Geist des Menschen unterscheiden wir eine Dreigliederung. Sie ist für mich schwieriger zu beschreiben als die körperlichen und seelischen Teile. Denn die kenne ich aus eigener Erfahrung. Für den Geist liegt das anders, weil seine verschiedenen Schichten in der jetzigen Phase der menschlichen Entwicklung erst im Keim vorhanden sind. Diese Keime kommen erst in weiterer Zukunft zur Entwicklung. Hinweise darauf sehen wir bei den Beschreibungen von Spontanerfahrungen, in denen ein Zipfel vom Schleier der geistigen Welt gelüftet wird. Bekannt sind Berichte von Menschen mit Nahtoderfahrungen, Engelerfahrungen, Austritten des Ich und anderen mystische Erfahrungen.

Wenn der menschliche Geist sich auf die Geisteswelt richtet, kommt er in einen Bereich außerhalb von Raum und Zeit. Da geht es um Gleichzeitigkeit; und eine Trennung wie im Raum gibt es nicht. Trotzdem lernen wir, dort als eine Eigenheit weiterzuleben, als Wesen unter anderen Wesen, während wir körperlich nicht voneinander getrennt sind. Diese Fähigkeit, sich selbst als eigene geistige Entität in der geistigen Welt zu erleben, wird in der anthroposophischen Terminologie der Geistesmensch genannt. Wir können ihn mit der Rolle des physischen Körpers in der stofflichen Welt vergleichen. Dieser Geistesmensch hat eine innere Vitalität, ein inneres Leben, das ihm die Möglichkeit gibt, ein geistiges Leben mit einer eigenen Entwicklung durchzumachen. Diese Kraft wird Lebensgeist genannt. Sie ist mit der Rolle des Ätherleibs in der physischen Welt zu vergleichen. Diesem Geistesmenschen steht ein Instrument zur Verfügung, mit dem er in der Geisteswelt wahrnehmen und sich bewegen kann. Dieses Instrument ist das Geistselbst, das mit dem Empfindungsleib in der stofflichen Welt zu vergleichen ist.

In der Bewusstseinsseele werden wir uns des Wirkens der geistigen Welt bewusst. Wir öffnen uns für deren Wirkung und bemühen uns, diese Wirkung in die anderen Bereiche der Seele und letztlich bis in den Körper durchdringen zu lassen. Durch das Geistselbst betreten wir die Welt als Individuum und nehmen die Wesen dort als konkrete Wirklichkeiten wahr. Wir sehen dann, dass es eine Vielzahl von Wesen gibt, die in der stofflichen Welt in enger Zusammenarbeit wirksam sind. Wir nehmen dann auch wahr, wie der Einfluss von uns als Mensch auf sie ist und welche Bedeutung es für sie hat, dass wir mit ihnen zusammenarbeiten.

Es handelt sich also nicht um die stoffliche Welt »hier« und die geistige Welt, den Himmel »dort«. Die geistige Welt ist überall und durchzieht jeden und alles. Allerdings durchzieht etwas Unstoffliches etwas, das stofflich ist. Ich stelle mir vor, wie das All um uns herum durchzogen ist von Geist. Und auch, wie wir in dem Körper, wenn wir mikroskopieren, in einen leeren Raum zwischen den Molekülen und Atomen kommen, wo alles nur noch Energie ist, tragende Energie.

In dieser Energie leben die schaffenden Kräfte der Wesen, die nur in der geistigen Welt eine Existenz haben. Doch aus dieser Welt können sie aktiv formbildend in der stofflichen Welt tätig sein, in der wir leben. Früher erkannte man in diesen Wesen die verschiedenen Götter oder eine Vielzahl von Kräften, die man Hierarchien nannte. Oder die man in den monotheistischen Religionen Gott nennt.

Auch Götter haben verschiedene Wesensglieder. Sie haben keinen physischen Körper, wir können sie nicht sehen. Aber sie haben höhere Wesensglieder, also ein aktives Geistselbst oder einen aktiven Lebensgeist. Dann entsteht in dem Geist auch eine Hierarchie, wie sie auf der Erde zwischen der mineralischen Welt, den Pflanzen, den Tieren und dem Menschen besteht. Wenn ich daraus ein konkreteres Bild machen will, greife ich zurück auf mythologische Bilder. In solchen Bildern werden Götter beschrieben. Doch innerhalb dieser Götterwelt gibt es auch immer eine

Differenzierung. Ich nenne sie *höhere* und *niedere Götter.* Als ein schönes Beispiel erlebe ich die griechische Götterlehre. Da gibt es Apoll, den Gott der Künste. Dazu gehören die bildenden Künste, die Musik, das Heilen. Apoll bekommt Kinder. Das Bild der Kinder erlebe ich als eine Differenzierung, eine Spezialisierung auf einer niederen Ebene. Seine Kinder sind die Musen, deren Aufgabe es ist, die Künste zu inspirieren. Apollo bleibt ihr Führer. Ein anderes Kind ist Asklepios, der als Spezialisierung die Heilkunst besitzt. Oder wird es hier schon mehr die Medizin statt der Heilkunst? Auch Asklepios bekommt Kinder, zwei davon sind Machaon und Hygieia. Bei ihnen erleben wir eine weitere Spezialisierung, eine Verdichtung zu konkreteren irdischen Formen. Machaon inspiriert die Medizin, und Hygieia widmet sich der Gesundheit und wird zur Schutzpatronin der Apotheker.

Je höher eine Gottheit steht, desto weiter ist sie vom praktischen Tätigsein entfernt, desto größer aber ist ihre Übersicht. Da sind andere geistige Fähigkeiten notwendig.

Wir können jetzt den Unterschied, den wir auf dem Gebiet von Körper, Seele und Geist gemacht haben, folgendermaßen zusammenfassen:

Körper
- Stofflicher Leib
- Ätherleib
- Empfindungsleib

Seele
- Empfindungsseele
- Verstandes- oder Gemütsseele
- Bewusstseinsseele

Geist
- Geistselbst
- Lebensgeist
- Geistesmensch

Von der Neun zur Vier

In der Praxis können wir diese Gliederung vereinfachen.

Die Empfindungsseele ist der Teil der Seele, die sich am engsten mit dem Körper verbindet. Vor allem verbindet sie sich mit dem Empfindungsleib. Die beiden sind so stark miteinander verbunden, dass Veränderungen in der einen Schicht schnell auch in der anderen wahrnehmbar sind. Das geht hin und her, von der Empfindungsseele zum Empfindungsleib, und umgekehrt vom Empfindungsleib zur Empfindungsseele. Diese intensive Verbindung ist die Voraussetzung dafür, dass die Seele sich gut mit dem Körper verbindet und sich dadurch frei in der Welt bewegen kann. Diese Verbundenheit insgesamt wird auch *Astralleib* genannt.

In ähnlicher Weise ist die Bewusstseinsseele als der geistigste Teil der Seele eng mit dem Teil des Geistes verbunden, der am stärksten der Erde zugewandt ist, dem Geistselbst. Diese intensive Verbundenheit können wir die geisterfüllte Bewusstseinsseele nennen.

So können wir die oben beschriebene Neunheit als eine Siebenheit zusammenfassen:

Stofflicher Leib
Ätherleib
Astralleib
Verstandes- oder Gemütsseele
Geisterfüllte Bewusstseinsseele
Lebensgeist
Geistesmensch

Für unser tägliches Leben ist vor allem der Teil des Geistes relevant, den wir das Ich nennen.

Hier ist es nötig, einen Unterschied zu machen zwischen dem kleinen, alltäglichen Ich und dem größeren Ich, das etwas mit unserem eigenen Wesen zu tun hat. Im täglichen Leben sprechen wir davon, dass wir *dies tun* oder *das tun*. Damit meinen wir zwar etwas von uns selbst, das etwas mit unserem Sein dieses Augenblicks zu tun hat, aber nicht mit unserem Wesen. Ich kann beispielsweise sagen: »Ich hab Lust, einen guten Schluck zu trinken oder eine Zigarette zu rauchen.« Aber wenn man es sich recht überlegt, sagt ein anderer Teil von uns, dass wir es uns gerade abgewöhnen wollen. Das kleine Ich entsteht schon in der frühen Kindheit, und zwar in dem Augenblick, in dem ein Kind »Ich« sagt. Das große Ich entsteht erst langsam nach dem Erwachsenwerden.

Dieses große Ich lebt in unserer Zeit vor allem im Gebiet der Verstandes- oder Gemütsseele und in der Bewusstseinsseele.

Deshalb können wir das Menschenbild in vereinfachter Form wiedergeben als:

Stofflicher Leib
Ätherleib
Astralleib
Ich

Das Menschenbild, wie es zunächst in der Anthroposophie verwendet wird, ist das dreigliedrige Menschenbild: *Körper, Seele und Geist*. Damit haben wir unsere Darstellung begonnen. Die weitere Differenzierung in Physischer Leib, Ätherleib, Astralleib und Ich wird die Viergliederung oder das viergliedrige Menschenbild genannt.

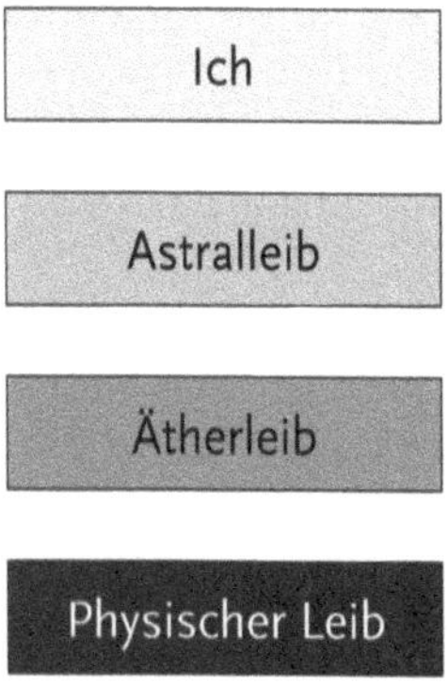

In meinen Kursen arbeite ich nie mit einer Wandtafel oder einem Flipchart, sondern mit bunten Tüchern, die symbolisch die Wesensglieder darstellen: Gelb für das Ich, Rot für den Astralleib, Grün für den Ätherleib und Braun für den Physischen Leib. Auf diese Weise kann ich das Verhältnis zwischen den Wesensgliedern besser zeigen, zum Beispiel auch, wie in bestimmten Situationen zwei Wesensglieder einander überlappen. In diesem Buch kann ich keine farbigen Blöcke zeigen, also verwende ich verschieden Grautöne. Wir sehen sie hier, und sie werden später immer wieder auftauchen.

7 In der Praxis

In diesem Kapitel möchte ich anhand einiger Beispiele zeigen, wie wir dieses Menschenbild in der Praxis anwenden können. Denn es geht nicht nur um eine philosophische Darstellung dessen, wie der Mensch aufgebaut ist. Es wird vielmehr gerade dann interessant, wenn dieses Menschenbild unsere Erlebnisse verständlich macht, sodass wir bewusster und gezielter mit den verschiedenen Schichten umgehen können. Ich habe dazu den Themenbereich Wachen und Schlafen – Leben und Tod gewählt.

Was geschieht, wenn wir schlafen? Auf der körperlichen wie auf der seelischen Ebene finden große Veränderungen statt. Wenn wir uns die Phänomene der Seele anschauen, sehen wir, wie das Bewusstsein erlischt. Der Schlafende nimmt die Umgebung nicht mehr wahr, reagiert nicht auf sie und macht sich keine Gedanken mehr über sie. Alle Willensimpulse fehlen. (Ich spreche hier vom Schlaf im engeren Sinne, nicht vom Träumen!) Anders gesagt: Die Empfindungsseele hat ihre Verbindung mit dem Körper aufgehoben. Und auch die höheren Bereiche der Seele haben ihre Verbindung abgebrochen.

Und was geschieht mit dem Körper? Wir sehen, dass alle Prozesse im Körper, die wir als Aktivität des Empfindungsleibs beschrieben haben, zu einem Großteil reduziert sind. Die Sinneswerkzeuge sind verschlossen, die Aktivität des bewussten Denkens hört auf, die Spannung in den Muskeln geht zurück. Und die Emotionen erlöschen. Der Darm funktioniert nur langsam. Dafür nimmt die Aktivität des aufbauenden Stoffwechsels zu. Der Empfindungsleib wird also kleiner, der Ätherleib wird aktiver. Der Empfindungsleib sinkt gleichsam zurück in den Ätherleib und gibt ihm Zeit, alles, was den Körper tagsüber geschädigt oder ermüdet hat, wiederherzustellen, ihn aufzubauen und ihm neue Reserven für den nächsten Tag zu geben. Am nächsten Morgen erhebt sich der Empfindungsleib langsam wieder aus dem Ätherleib, um die Seele empfangen zu können. Der Mensch wacht wieder auf.

Jemand berichtete von seinen Schwierigkeiten beim Einschlafen: Ein Problem vom Tage ließ ihn nicht los. Darüber grübelte er und konnte nicht einschlafen. So hatte er es sich angewöhnt, in solchen Situationen wieder aufzustehen und aufzuschreiben, was ihn verfolgte, und das Ganze mit dem Vorsatz zu beenden, wie er am nächsten Tag damit umgehen wollte. Er wusste von sich, dass es ihm half, wenn er sich streng an das Vorgenommene hielt. Nach dem Aufschreiben und der Planung schlief er normalerweise schnell wieder ein. Das deutet darauf hin, dass die Empfindungsseele durch die Sorgen zu stark mit dem Empfindungsleib verbunden blieb. Sie konnte den Körper und damit den Tag nicht loslassen. Indem er zuließ, dass die höheren Bereiche der Seele sich aktiver mit ihm verbinden konnten, indem er eigentlich also wacher wurde und mit einem gewissen Abstand bewusst mit dem Problem umging, gelang es ihm, loszulassen und einzuschlafen.

Daneben erlebte er aber auch Phasen, in denen es überhaupt keine Probleme gab. Dann ging ihm zwar ein Thema vom Tage im Kopf herum, doch dabei handelte es sich gar nicht um ein Problem. Es war eher irgendetwas Belangloses. Wenn er dann aufstand und es aufschrieb, schlief er nicht ein, sondern ein neuer Gedanke spukte jetzt in seinem Kopf herum. Es war wie ein Gebet ohne Ende. Wenn er dann aufstand und zusah, dass er richtig wach wurde und sich etwas zu essen machte, konnte er danach schlafen.

Hier spielt sich eine andere Dynamik zwischen den Wesensgliedern ab. Es gibt kein Problem, das die Empfindungsseele festhalten würde, sondern einen Energiestrom im Denken, der seinen eigenen Weg geht. Wenn in diesen Energiestrom ein Gedanke fällt, rumort er in unserem Kopf herum. Und wenn wir ihn herausholen, fließt der Energiestrom einfach weiter. Dann fällt uns von selbst ein anderer Gedanke ein oder manchmal ein Lied, das nun auch wieder stört. Es ist kein Problem der Empfindungsseele, sondern es ist im Empfindungsleib zu suchen. Und da ist etwas anderes gefordert. Wie leiten wir die Energie wieder ab, wie holen wir sie aus unserem Kopf heraus? Als Möglichkeiten bietet es sich an, etwas zu essen oder warme Milch mit Honig zu trinken, wodurch die Energie zum Magen abgeleitet wird. Man kann auch ein warmes Fußbad nehmen. Auch bestimmte Atemübungen können helfen.

Ein anderes Beispiel für die Wechselwirkung zwischen den verschiedenen Wesensgliedern finden wir in allem, was mit Stress zusammenhängt. Was geschieht also, wenn wir Stresse empfinden? Emotionen sind ein Teil der Empfindungsseele. Wenn das Ich (das in der Verstandes- oder Gemütsseele lebt) sich mit diesen Emotionen verbindet, ist es sich dieser Emotionen bewusst und kann damit umgehen. Dann durchzieht die Verstandes- oder Gemütsseele die Empfindungsseele und übernimmt die Führung.

Wenn das Ich sich nicht mehr mit der Verstandes- oder Gemütsseele verbindet, dominiert die Empfindungsseele. Sie ist jetzt nicht mehr durchzogen von der Verstandes- oder Gemütsseele, die dämpfend oder mäßigend auf Emotionen und Urteile wirkt.

Wir werden dann emotional, urteilen rasch und reagieren impulsiv. Wenn das zu lange andauert, können Erscheinungen wie Überspanntheit und Überreiztheit entstehen.

Dazu kommt, dass Emotionen sich auf den Empfindungsleib auswirken. Wie oben beschrieben, geht es beim Empfindungsleib um konkrete körperliche Prozesse. Bei Stress haben wir dann eine Zunahme des Hormons Adrenalin im Blut. Das kann zu einer Beschleunigung des Herzschlags, zur Erhöhung des Blutdrucks und zur Anspannung der Muskeln führen. Das erfordert eine gesteigerte Aktivität des Ätherleibs, um den Schaden des erhöhten Adrenalins zu kompensieren. Dabei spielt das Hormon Cortisol eine Rolle: Wenn die Stresssituation länger andauert, kann es zur Erschöpfung des Ätherleibs führen, und dann entstehen wirkliche Beschwerden. Beschwerden, die anhaltender sind als der kurze Stress vor einem Sportwettkampf oder einem schwierigen Gespräch. Beschwerden wie hoher Blutdruck, wiederkehrendes Herzklopfen, Hyperventilation, Magenschmerzen, Darmprobleme und Kopfschmerzen können die Folge sein.

Wenn das Ganze in einer noch tieferen Schicht landet, kann der Ätherleib fast völlig versagen: Dann handelt es sich um ein Burnout.

Gestresst

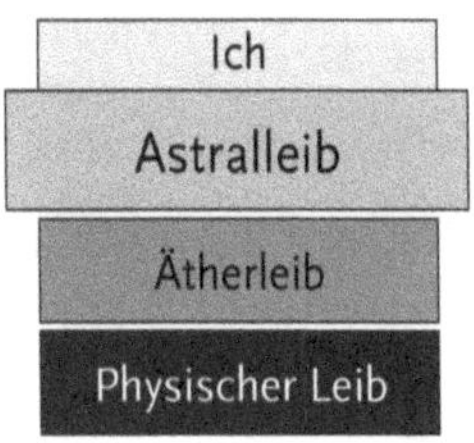

In einer Stresssituation verliert das selbstbewusste Ich seinen Griff auf den Astralleib. Es entsteht Spannung. Der Astralleib dominiert und füllt sich mit Spannung und Angst.

Der Ätherleib leidet darunter und verliert Kraft. Das merken wir an Müdigkeit und dem Verlust des Wohlbefindens.

Unser physischer Körper wird nicht mehr so gut vom Ätherleib aufgebaut (zum Beispiel durch eine verminderte Qualität des Schlafs), der Astralleib drängt sich auf (zum Beispiel durch Krämpfe in den Schultern, weniger Appetit und anderes).

Überreiztheit

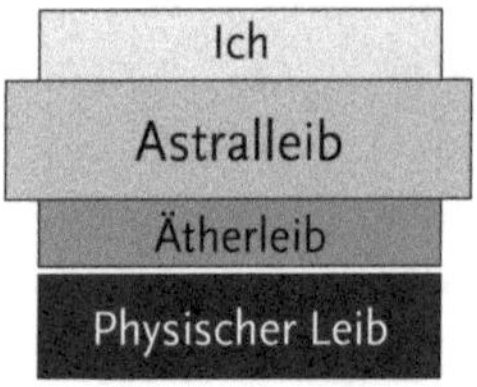

Wenn jemand überreizt oder überarbeitet ist, dominiert der Astralleib noch stärker und die Kraft des Ätherleibs erlahmt noch mehr.

Doch es gibt auch die umgekehrte Situation, dass nämlich der Ätherleib störend auf den Empfindungsleib und die Empfindungsseele wirkt. Das bekannteste Phänomen sind die Stimmungsschwankungen, die bei der Menstruation auftreten können. Da gibt es eine kleine Verschiebung im hormonalen Gleichgewicht, die dazu führt, dass die Empfindungsseele sich nicht mehr so leicht mit dem Empfindungsleib verbinden kann. Dann kann es zu einem unangenehmen Gefühl und gereizter Stimmung kommen. Die Empfindungsseele zieht die Verstandesseele in sich hinein, und dadurch ist kein Bewusstsein dessen mehr vorhanden, was gerade geschieht. Dann braucht nur irgendetwas Unangenehmes aus der Umgebung hinzuzukommen, und das wird dann als Ursache des unangenehmen Gefühls erlebt und bekommt die Schuld. Die Ursache liegt jedoch nicht in der Seele, sondern im Körper. Wenn wir in der Seele nach Ursachen von Unbehagen suchen, finden wir meist etwas, dem wir die Schuld geben können. Doch das ist dann nicht die wirkliche Ursache.

Deshalb ist es wichtig, bei psychischen wie bei körperlichen Beschwerden alle Ebenen nach möglichen störenden Einflüssen zu untersuchen.

Bei den unterschiedlichen Suchtformen können wir die verschiedenen Wesensglieder ebenfalls gut verfolgen. Ich wähle das Rauchen als Beispiel.

Viele Menschen fangen in der Pubertät mit dem Rauchen an. Das kann teilweise Imitationsverhalten sein, oft soll Unsicherheit damit überdeckt werden, man gibt sich interessant, will dazugehören. Da meldet sich die Empfindungsseele: Man bekommt einen Kick und erlebt das Gefühl der Sicherheit. Darauf reagiert jetzt sofort der Empfindungsleib durch seine enge Verbindung mit der Empfindungsseele. Das äußert sich durch Reizung der Luftwege und in der Folge durch Hustenreiz. Der Ätherleib wird geschädigt und versucht dies wieder in Ordnung zu bringen, indem er mehr Schleim produziert, um damit die Schleimhaut der Atemwege zu schützen. Der Empfindungsleib reagiert seinerseits mit Husten, um den überflüssigen Schleim hinauszubefördern. Nach und nach wird das Rauchen zur Gewohnheit. Wir bauen Gewohnheiten auf: Zu welchen Zeiten des Tages rauche ich, mit wem rauche ich – und so entsteht eine Rauchkultur. Wir gewöhnen uns daran, und so können wir es ohne Bewusstsein tun. Damit ist in einer tieferen Schicht eine Unfreiheit und Abhängigkeit entstanden. Mit anderen Worten: Der Ätherleib passt sich Gewohnheiten an, und dann geht alles von selbst, ob man will oder nicht. Die Sucht, das Gefühl der Entbehrung (*Wir vermissen etwas, wenn wir nicht rechtzeitig unsere Zigarette bekommen!*) stammt aus dem Körper, also aus dem Empfindungsleib.

Dann kann es einen Moment geben, an dem die Überlegung kommt: Ich sollte besser aufhören. Rauchen ist ungesund. Man kann davon Krebs und Herz- und Gefäßkrankheiten bekommen. Es ist besser, nicht mehr zu rauchen. Das kann eine Aktivität der Verstandes- und Gemütsseele sein (vor allem der Verstandesseele), die zu dieser rationalen Auffassung kommt. Und dann beginnt der Kampf zwischen den Kräften der Verstandes- und Gemütsseele und denen des Empfindungsleibs. Das kann ein heftiger Kampf sein. Wer wird gewinnen?

Viele Menschen kennen die folgende Erfahrung: Sie haben schon öfter versucht aufzuhören. Diese Versuche sind gescheitert, nach kurzer Zeit fingen sie wieder an. Sie fühlten sich nicht »stark genug« (von der Verstandes- und Gemütsseele aus). Doch es kann auch Folgendes geschehen: Eines guten Tages kann so jemand – ohne viel darüber nachzudenken – fühlen, dass die Zeit reif ist, und dann hört er ohne viele Umschweife wirklich auf und kann es ohne große Probleme durchhalten. Jetzt war die Kraft der Bewusstseinsseele beteiligt. Diese Seele braucht nicht viel nachzudenken. Hier lebt ein Gefühl der Relevanz, das weit oberhalb der täglichen Bedürfnisse der Empfindungsseele steht.

Eines Tages kam eine Frau mit einer Frage zu mir. Sie erzählte, sie sei in Österreich geboren, lebe inzwischen aber seit vielen Jahren mit ihrem Mann und den Kindern in den Niederlanden. Aber immer wieder käme bei ihr die Frage auf: Will ich wirklich in den Niederlanden leben oder doch lieber in Österreich? Wenn sie hier war, gab es eine Sehnsucht nach dort, und wenn sie dort war, vermisste sie das Hier.

Wie kann uns in einem solchen Fall die Kenntnis der Wesensglieder Klarheit verschaffen?

Ich fragte sie, was ihr in Österreich so gefalle. »Wenn ich in

Innsbruck aus dem Zug steige, fühle ich mich sofort wieder zu Hause. Meine Füße finden von selbst den Weg. Ich kenne die Läden, die Straßen. Und ich fühle mich wohl bei meinen Verwandten. Ich spreche sofort wieder den Innsbrucker Dialekt und merke, wie schön es für mich ist, dass so viele sich an mich noch als kleines Mädchen erinnern. Sie wissen, wie ich in meiner Jugend war.«

Ich fragte, wie es für sie mit dem Land selbst sei. Ob sie sich auch nach den Bergen sehne, welche Wirkung beispielsweise der Granit der Alpen auf sie habe. Nein, das sei es nicht. Stärker noch, sie genieße das Flachland und den schönen niederländischen Wolkenhimmel. Sie sei auch von ihrem siebzehnten Lebensjahr an regelmäßig in den Ferien in den Niederlanden gewesen. Und später habe sie einen Niederländer geheiratet, eine Familie gegründet und sei dort geblieben. Doch ein kleines Stück von ihr war trotz allem mit Österreich verbunden geblieben. Verwirrend!

Bei meiner Suche betrachtete ich die verschiedenen Wesensglieder und fragte mich, welches von ihnen nun eigentlich in Österreich sein wollte, und warum, und welches Wesensglied sich in den Niederlanden zu Hause fühlte. Manchmal sind Menschen mit ihrem Ätherleib stark mit den Ätherkräften eines Landes verbunden. Sie erleben beispielsweise die Wirkung des Granits oder Kalks oder des Lehm- oder Sandbodens. Oder die Wirkung der Wärme und der Luft. Dann geht es um eine Verbindung des eigenen Ätherleibs mit dem Ätherischen der dortigen Natur und mit den Ätherwesen, die dort leben. So beschrieb einmal jemand, sein Körper sei in Südafrika zu Hause, während seine Seele in die Niederlande gehöre. Aber so schien es bei ihr nicht zu sein. Sie erlebte eher, dass sie sich mit ihren höheren Wesensgliedern leichter wieder in den Ätherleib ihrer Kindheit und Jugend senkte. Und dass sie sich dort Nahrung holte, indem diese Kräfte dann wieder auflebten. Das geschah vor allem, wenn sie allein dort war, ohne ihre Familie. Denn mit der Familie zusammen gab es eine Verwirrung zwischen der Rolle der Mutter, die in die Niederlande gehörte, und dem österreichischen Kind, das sich dem Dort-Sein ohne Verantwortung hingeben konnte.

Ein anderer Teil ihres Astralleibs sehnte sich jedoch nach den Niederlanden, denn dieser andere Teil ihres Astralleibs konnte viel leichter mit dem Menschenschlag in den Niederlanden umgehen. Die Freundschaften hier waren wichtiger für sie. Niederländer seien, so erlebte sie es, direkter im Umgang. In Österreich waren es vor allem Jugendfreundschaften oder -kontakte. Die Direktheit der Niederländer war zwar manchmal ein lästiges Thema, bedeutete für sie aber auch die Herausforderung, selbst ebenfalls direkter zu werden. Österreicher seien reservierter, weniger gut einzuschätzen.

Aus unserer Kenntnis der Wesensglieder können wir vielleicht schließen, dass der Astralleib sich in gewisser Weise mehr in den Niederlanden zu Hause fühlte und ihr Ich im Lernen der Direktheit eine Herausforderung erlebte. Gleichzeitig wurden allerdings der Astralleib und das Ich losgelöst von den Erlebnissen ihrer Jugend, die im Ätherleib gespeichert waren.

Das Dilemma wurde dadurch gelöst, dass den unterschiedlichen Bedürfnissen der verschiedenen Wesensglieder Rechnung getragen wurde. Die Frau würde weiterhin in den Niederlanden leben, doch regelmäßig für kurze Zeit allein wieder zurück »nach Hause« in die alten Zeiten reisen.

Wenn wir in positiver Weise Einfluss auf unsere Wesensglieder ausüben wollen, kann die Meditation ein Weg sein. Über die Wirkung der Meditation auf Stimmungsprobleme oder Schmerzen ist in den vergangenen Jahren viel durch die Untersuchungen zur Wirkung der *Mindfulness*-Übungen deutlich geworden. Diese Übungen wurden von dem amerikanischen Internisten Jon Kabat Zinn für Patienten mit Schmerz- und Stimmungsproblemen entworfen. Sie haben ihren Ursprung im Yoga und der buddhistischen Meditation. Meditation wendet sich in erster Linie an die höheren Bereiche der Seele. Meditierend nehmen wir bewusst für kurze Zeit Abstand vom Alltäglichen. Die übliche Betriebsamkeit wird temporär unterbrochen, die nach außen gewandte Aktivität der Empfindungsseele wird angehalten. Dadurch verringert sich der Druck auf den Empfindungsleib, und der Ätherleib bekommt die Möglichkeit, wieder aufbauend wirksam zu sein. Eine gleiche Wirkung haben natürlich auch die Mittagspause oder die Tee- oder Kaffeepause, doch die haben weniger mit Konzentration zu tun. Meditation bringt auch Konzentration in die Verstandes- oder Gemütsseele und je nach Art und Inhalt der Meditation auch in die Bewusstseinsseele. Sie wirkt bis in die Empfindungsseele und weiter bis in den Körper. So entsteht ein gesunder Energiestrom.

Wenn wir dieses Zusammenspiel der verschiedenen Schichten in uns oder in anderen im Detail verfolgen, können wir Bewusstsein für die Frage entwickeln: Wo *ist* unser Ich, und wo *will* unser Ich in diesem Augenblick sein? Jede Schicht der Wesensglieder hat ihre eigenen Möglichkeiten, auf einem Wege einzugreifen, der gerade bei diesem Wesensglied wirksam sein kann. Doch darin liegt auch eine Begrenzung.

Das selbstbewusste Ich hat die Möglichkeit, die anderen Wesensglieder zu koordinieren und zu lenken. Das ist ein Lernprozess, bei dem es sie immer besser kennenlernt. Und so kann eine größere Beweglichkeit entstehen, in der wir einem Problem, in dem wir feststecken, von mehreren Seiten begegnen können. So berichtete mir ein Lehrer einmal, dass er sich in seiner Klasse oft unsicher fühle. Zunächst einmal denkt man da an ein Problem der Seele. Doch es kann auch mit einer Einseitigkeit des Ätherleibs zusammenhängen, der sich nicht so recht im Raum ausbreitet. Die Lösung kam nicht dadurch zustande, dass er etwas gegen seine Unsicherheit unternahm, also nicht an seiner Seele arbeitete, sondern dadurch, dass er sich mit seiner ätherischen Hülle beschäftigte. Konkret sah das so aus, dass er sehr zeitig im Klassenraum war, bevor die Kinder kamen. Dann ordnete er dies und das und goss die Pflanzen. Anders ausgedrückt: Er sorgte für seine Anwesenheit. Wie ein Tier, das sein Territorium absteckt oder markiert, tat er es mit dem Klassenraum.

So schenkt Beweglichkeit im Umgang mit den Wesensgliedern ein größeres Maß an Freiheit und Kreativität.

8 Die Entwicklung im Laufe der Zeit

Wir haben jetzt die unterschiedlichen Wesensglieder in ihren jeweiligen Funktionen beim Erwachsenen kennengelernt. In diesem Kapitel soll beschrieben werden, wie sie sich im Laufe der Biografie entwickeln, welche Fähigkeiten und Aufgaben dem Erzieher des Jugendlichen abverlangt werden und welche Herausforderungen und Verwirrungen später zu erwarten sind.

Die Entwicklung verläuft in Phasen, die eine gewisse Gesetzmäßigkeit zeigen – diese bestimmt das Grundmuster der Entwicklung. Da immer andere Gesetzmäßigkeiten wirksam sind, treten im Lebenslauf jedes Menschen seine eigenen Variationen des Grundmusters auf. Wir verstehen sie besser, wenn wir die verschiedenen Gesetzmäßigkeiten erkennen.

Das irdische Leben beginnt mit der Empfängnis. Die erblichen Substanzen des Vaters und der Mutter werden zusammengebracht; die erste befruchtete Eizelle wird gebildet. Vom Mutterleib umhüllt, beginnt das Wachstum. Dabei sind zwei Prozesse beteiligt: die Vermehrung der Zellen – also Wachstum im engeren Sinn – und die Ausdifferenzierung einer einzigen Gewebeart zu den vielen verschiedenen Gewebearten des ausgewachsenen Körpers.

Die embryologische Literatur beschreibt, wie dieser Prozess stattfindet. Oft lesen wir die Formulierung: Die Zellen teilen sich und wandern an eine andere Stelle; sie differenzieren sich in stärker spezialisiertes Gewebe. (Die Frage danach, wie das alles möglich ist und wo sich die Blaupause dessen befindet, was schließlich das Endergebnis werden soll, wird nicht gestellt.) Aus dem Bild der Wesensglieder, das wir bis hierher aufgebaut haben, können wir das hier Beschriebene nuancieren, indem wir die Tätigkeit des Ätherleibs hinzufügen. Denn es ist das Ätherprogramm, das alles lenkt. Der Ätherleib setzt das Wachstum der ersten Zellen zur Teilung in Gang. Das führt zu einem Klumpen von 64 undifferenzierten Zellen. Dann bewirkt der Ätherleib die erste Differenzierung und bildet die erste Organanlage. Und immer ist es der Ätherleib, der im richtigen Augenblick die richtigen darauffolgenden Schritte bestimmt. Hierin liegt die gesamte komplexe Dynamik von Wachstum und Differenzierung. Diesem ganzen Prozess liegt eine immense Weisheit zugrunde.

So ist es die Aufgabe des Ätherleibs in der ersten Lebensphase – während der Schwangerschaft –, die erste Anlage eines lebensfähigen Körpers aufzubauen. Wenn diese erste Phase beendet ist, kann das Kind geboren werden. Doch ist die Aufgabe des Ätherleibs, den physischen Leib aufzubauen, mit dieser ersten Aktivität noch nicht beendet. Denn das Kind ist, um lebensfähig zu sein, noch völlig von seiner Umgebung abhängig. Es kann beispielsweise noch nicht für seine eigene Ernährung sorgen. Es kann nicht einmal seinen eigenen Wärmehaushalt versorgen. So müssen die Eltern in dieser ersten Zeit dafür sorgen, dass der Ätherleib seine Arbeit weiterhin verrichten kann. Damit vergehen die ersten Lebensjahre.

Während die Aktivität des Ätherleibs dem Aufbau gilt, braucht das Kind ausreichend Schlaf. Denn während des Schlafs kann der Ätherleib sich optimal und ungestört dem Physischen zuwenden. Wir können es als eine nach innen gerichtete Arbeit sehen.

Der Ätherleib umhüllt den physischen Leib wie ein Kräftefeld, das den ganzen physischen Leib durchzieht, und er wendet seine Aufmerksamkeit vorwiegend nach innen. So wird das Kind in den ersten Jahren auch erst allmählich wach für die Welt. Wenn wir ein Kind in dieser ersten Zeit vielen Eindrücken aussetzen in Form von Geräuschen oder visuellen Reizen, stimulieren wir sein Wachwerden; und das geht ebenso auf Kosten der ersten Aufbauphase, als wenn wir dem Kind zu wenig ruhigen Schlaf gönnen.

Erste Lebensphase

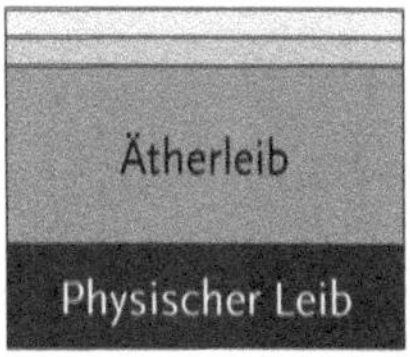

Der Ätherleib widmet sich aktiv dem Aufbau des physischen Körpers. Der Astralleib und das Ich sind beim Aufbau bislang nur dienend anwesend.

Dieser Aufbauprozess unter Leitung des Ätherleibs ist nach einer Reihe von Jahren erst einmal abgeschlossen. Es ist der Zeitpunkt, an dem alle Organe im Keim angelegt sind. Äußerlich sichtbar ist dies zum Beispiel daran, dass das bleibende Gebiss jetzt angelegt ist. Dann beginnt der Zahnwechsel. In der Phase kann ein Teil der Ätherkräfte für ein nächstes Ziel frei gemacht werden. Wenn diese Kräfte nicht frei würden, gäbe es ein fortwährendes Aufbauen, und eine andere Entwicklung wäre nicht möglich. Wir würden schließlich gigantisch groß werden, aber weiterhin schlafen. Doch der Aufbau eines gesunden Körpers hat die Aufgabe, diesen Körper zu einem Instrument des Geistes zu machen, damit er seinen Weg auf der Erde gehen kann.

Nun wird also ein Teil der Ätherkräfte frei, die bisher dem Aufbau des physischen Körpers gedient haben. Dieser Teil bekommt eine andere Funktion. Um dies zu verstehen, schauen wir die Ätherkräfte selbst noch einmal an. Sie bilden eine Art Weisheit, die das Gesamte überblicken kann. Es geht um Bilder, die der Ätherleib nach und nach im Stoff verwirklicht. Wir können dies mit den Ideen vergleichen, wie auch ein Maler oder Bildhauer zuerst eine Idee hat, bevor er tatsächlich etwas ausführt. Jetzt, da diese Kräfte frei werden, können sie dafür verwendet werden, bewusst Ideen zu bilden, die als Idee frei bleiben. Gedanken-Bilder sind es, abstrakte Gedanken. In Gedanken formen wir auch Bauwerke, die uns Erkenntnisse über die Welt geben, sodass wir uns orientieren können. Mit anderen Worten: Wenn diese Kräfte frei werden, bekommt das Kind die Reife, zu lernen. Wir bezeichnen dies als *Lernreife.*

Für die Erziehung in dieser Phase der Ausformung des Ätherleibs ist es wichtig, dass ein Kind integrales Denken lernt. Wie schon beschrieben wurde, gibt es in der Ätherwelt keine Trennung wie in der physischen Welt, in der alle Menschen, Tiere und Dinge voneinander getrennt sind. Das ist in der Ätherwelt nicht der Fall. Dort bildet alles eine zusammenhängende Einheit. Deshalb wird man dem Ätherleib gerecht, wenn man alles in Zusammenhängen sieht. Es ist also gesund, große zusammenhängende Bilder zu entwerfen.

Manchmal begegne ich einem Kind, das denkt, die Milch entstehe spontan im Supermarkt. Es hat sich kein Bild davon gemacht, dass es auch irgendetwas davor gegeben haben könnte. Ganzheitliches Denken bedeutet, den gesamten Kreislauf von Gras, Kuh, Bauer, Fabrik, Verpackung und Supermarkt kennenzulernen. Das ganzheitliche Denken kann auch dazu führen, dass ein Kind sich klarmacht, dass es Teil eines größeren Ganzen ist. Das kann auch ein Gefühl der Geborgenheit schenken. Und vielleicht macht es sich dann auch klar, dass seine Frühstückstüte, die es in der Pause auf den Schulhof schmeißt, nicht von selbst verschwindet.

Wenn das Kind zusammenhängende Bilder entwickelt, wirkt sich das physisch auch auf den Aufbau des Gehirns aus. Es werden dadurch mehr Verbindungen zwischen den einzelnen Gehirnteilen gebildet.

Zweite Lebensphase

Nach einer gewissen Zeit kommt ein neuer Schritt. Es wird wieder ein neuer Aspekt des Menschen geboren. Es ist die Geburt eines neuen Teils mit neuen Möglichkeiten und neuen Herausforderungen, aber auch mit neuen Verwirrungen. Oft sind es Perioden, die eine Zeit lang für Desintegration sorgen und eine neue Integration erfordern. Eine neue Integration der Wesensglieder also. Die neue Phase, die nun folgt, wird äußerlich mit dem Eintreten der Pubertät sichtbar. Jetzt werden die Geschlechtsorgane aktiv. Sie waren physisch längst vorhanden, werden jetzt aber aktiviert. Körperlich heißt das, dass andere Hormone aktiv werden. Bei Mädchen sind es Östrogen und Progesteron, bei Jungen das Testosteron. Sie haben eine zweigliedrige Funktion: Körperlich machen sie die Fortpflanzung möglich, und in der Seele bewirken sie andere emotionale Eigenschaften. Das äußert sich in den oft wechselnden Stimmungen und Emotionen des Jugendlichen.

Aus dem Körper taucht in viel heftigerer Weise eine neue Art Emotionalität auf. Verliebtheiten bekommen einen anderen Charakter, Sexualität spielt eine Rolle; Zorn, Schroffheit, Verlust von Nuancen und die Neigung, schnell mit Emotion oder Urteil zu reagieren. So las ich auf der Rückseite einer Rundfunkzeitung einen Brief, in dem ein Mädchen seine Not beschreibt: »Wenn ich von der Schule nach Hause komme, bin ich patzig zu meiner Mutter und ärgere meinen kleinen Bruder. Und dabei will ich das überhaupt nicht. Kann mir jemand helfen?« Sie beschreibt die typische Pubertätsproblematik: Emotionen und Wutanfälle gehen mit ihr durch. Sie hat sie nicht in der Hand, es überkommt sie einfach. Es sind Kräfte, die aus dem Körperlichen freigesetzt werden und mit denen sie nun zurechtkommen muss.

Menschenkundlich sehen wir hier die Geburt des Empfindungsleibs. Es sind Prozesse, die von innen kommen, die in die Seele hineinströmen. Das wirkliche selbstbewusste Ich ist noch nicht vorhanden, und das macht es so schwer, mit diesen Emotionen umzugehen.

Die Aufgabe des Erziehers ist es nun, diese Ich-Kräfte, die das Kind selbst noch nicht besitzt, an seiner Stelle zu übernehmen und zu versuchen, gemeinsam mit ihm diese erwachenden Kräfte zu lenken. Es ist großartig, dass sie vorhanden sind, obwohl dadurch oft so viel Unruhe im Kind selbst, aber auch in der Familie entsteht. Zunächst einmal geht es darum, diese Gefühle anzuerkennen – und dann als Vorbild zu zeigen, wie man selbst damit umgeht, sie kontrolliert zu artikulieren. Dem Jugendlichen soll einerseits Spielraum gegeben, andererseits sollen ihm aber auch Grenzen gesetzt werden. Solange die Jugendlichen das respektieren, hilft es der Erziehung. Doch kommt oft der Moment, an dem sie sich dem entziehen. Je länger es gelingt, diesen Moment hinauszuzögern, desto mehr lernen die Jugendlichen, mit den Kräften des Empfindungsleibs umzugehen.

Oft ist es wirkungslos, Jugendliche auf ihre Moralität anzusprechen, denn die Wesensglieder, die mit Moralität zu tun haben, halten sich noch im Hintergrund.

Die Pubertät ist die Phase, in welcher der Empfindungsleib

seine erste Form bekommt. Wenn die Entwicklung in dieser Phase in guter Weise gelungen ist, kann auch die nächste Phase gesund daran weiterarbeiten. Wenn dies nicht der Fall ist, kann ein Mensch sich in einer späteren Phase damit konfrontiert sehen, dass ihm bestimmte Qualitäten (zum Beispiel Selbstsicherheit) fehlen und er sich im Nachhinein aktiv um sie bemühen muss.

Dritte Lebensphase

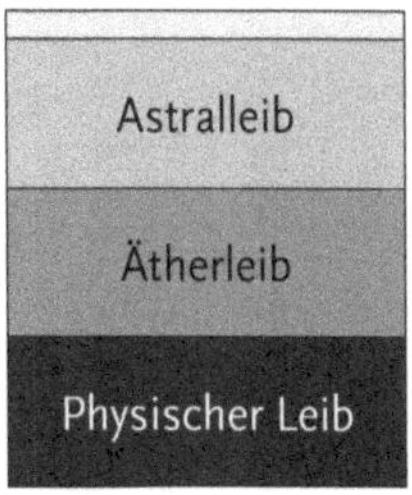

Der Ätherleib hat den physischen Leib in großen Zügen aufgebaut, sodass er nur noch die letzte Etappe seines Wachstums durchmachen muss.

Der Astralleib ist frei geworden, doch das Ich ist bisher nur als Keim anwesend und steht nicht zur Verfügung, um den Astralleib zu lenken. Dafür ist ein stellvertretendes Ich in Gestalt des Erziehers nötig.

In der anthroposophischen Literatur werden diese Entwicklungsphasen als Siebenjahresperioden bezeichnet. Lange war es auch so, dass der Zahnwechsel im sechsten oder siebten Lebensjahr stattfand, und der Beginn der Pubertät um das vierzehnte Jahr. Doch seit dem 20. Jahrhundert und vor allem nach dem Zweiten Weltkrieg kann man von einer Beschleunigung sprechen. Der Zahnwechsel findet gewöhnlich bereits um das sechste Jahr statt und die Pubertät setzt schon etwa im zwölften Jahr ein. Auch pubertäres Gehabe setzt früher ein. Kinder verhalten sich in der Pubertätszeit schon bald, als wären sie älter; doch wird dieses Ältersein nicht von einem bewussten Ich getragen, das seine Lebenssituation übersehen kann.

Unter dem Aspekt des beschriebenen Bildes der Wesensglieder und ihrer Funktion können wir uns fragen, ob diese Beschleunigung zulasten dessen geht, was die einzelnen Wesensglieder in den verschiedenen Phasen tun sollten. Bekommt der physische Körper genügend Zeit zum Reifen? Behält der Ätherleib genügend Vitalität übrig, wenn er dem Empfindungsleib zu früh Kräfte überlassen muss, und kann er das dann tragen? Mit anderen Worten: Welches sind langfristig die Konsequenzen dieser Beschleunigung für die Entwicklung? Diese Fragen sollten weiter wissenschaftlich untersucht werden.

Erwachsensein

Der nächste Schritt in der Entwicklung ist das Erwachsenwerden. *Erwachsen* – das Wort sagt es schon – bedeutet ausgewachsen. Die Bildung des physischen Körpers ist abgeschlossen. Die freien Ätherkräfte haben in den ersten Schuljahren eine bestimmte Form bekommen, und der Empfindungsleib ist in der Pubertät bis zu einem gewissen Grade ausgewachsen. Das körperliche Instrument ist fertig. Und dann wird es allmählich Zeit, dass die Individualität ihren Einzug in den Körper hält. Das geschieht durch die Geburt der Empfindungsseele. Es ist der Zeitpunkt, an dem jemand Verantwortung für sich übernehmen kann und man als strafmündig angesehen wird. Gesellschaftlich gesehen ist man jetzt stimmberechtigt und darf Verträge unterzeichnen. Man wird im gesellschaftlichen Sinn ein eigenes Individuum. Auch im Privatleben ist es ein schönes Alter, um selbstständig zu werden. Für viele junge Leute ist es der Moment, das Elternhaus zu verlassen und ein eigenes Leben außer Sicht der Eltern zu führen.

Persönlich denke ich, dass diese Phase eine rituelle Bestätigung des Erwachsenwerdens haben sollte, in der sich das Verhältnis der Eltern zum Kind in ein Verhältnis zwischen Erwachsenen wandelt. Das geht mit anderen Verantwortlichkeiten einher. Ein solches Ritual kann darin bestehen, dass die Eltern aussprechen, dass die Erziehung jetzt abgeschlossen ist. Dass sie sich bemüht haben, dass es schöne Dinge gegeben hat, aber auch Fehler gemacht wurden. Und dass das Kind ausspricht, dass es nun selbst Verantwortung für sein Leben übernehmen will, wobei es auch die Verantwortung für das übernimmt, was in seiner Jugend nicht gut gelaufen ist. Das Letzte bedeutet, dass es wirklich erwachsen ist und Verantwortung für sich übernimmt und nicht Opfer dieser ersten Phase ist.

Welche weiteren Herausforderungen warten jetzt auf die Empfindungsseele? Es sind Fragen wie: Wohin gehöre ich eigentlich? Welche Freunde wähle ich selbst außer den Freundschaften, die mehr oder weniger von selbst etwa in der Schulklasse entstanden sind? Mit welchen Gebieten des Lebens und der Welt will ich mich verbinden?

Oft ist es eine Periode der Experimente, in sozialer wie gesellschaftlicher Hinsicht. Experimente in Beziehungen, bevor eine Partnerschaft wirklich ernsthaft wird. Oder – was viele junge Leute tun – nach der Schulzeit eine längere Reise unternehmen: andere Welten sehen, andere Kulturen kennenlernen und dadurch die eigene Kultur relativieren können. Und vorher eine Zeit lang jobben, um die Reise zu finanzieren. Also: für sich selbst sorgen.

Früher gab es vor Beginn des eigentlichen Studiums eine Phase der sogenannten *Propädeutik*. Das war eine Zeit breiter Orientierung, um Welt und Wissenschaft im weiteren Sinne kennenzulernen und auch zu erleben, auf wie unterschiedliche Art man die Welt betrachten kann. Wichtig waren dabei Humanwissenschaften wie Philosophie, um Abstand zum eigenen Denken und den eigenen Auffassungen zu nehmen.

Gut und passend zu dieser Phase ist es auch, sich in verschiedenen Jobs auszuprobieren, allein schon, um Erfahrungen zu sammeln. Es können Praktika sein, eine Zeit lang irgendwo arbeiten und dann zum nächsten Experiment übergehen.

Diese Phase der Entwicklung kann das fortsetzen, was in der Entwicklungsphase der Empfindungsseele entstanden ist. Das wird jetzt als Instrument gebraucht. Die dort gebildeten Sympathie- und Antipathiekräfte helfen nun, den Platz in der Welt zu finden.

Am Ende der zwanziger Jahre entsteht aus der Konfiguration der Wesensglieder wieder ein neuer Schritt der Reifung: die Entwicklung der Verstandes- oder Gemütsseele. Sie schafft die Möglichkeit, mehr Abstand zu sich selbst zu gewinnen und zu erkennen, dass hinter den eigenen Erfahrungen andere Gesetzmäßigkeiten verborgen sind. Anders gesagt: Von der Verstandes- oder Gemütsseele aus kann jetzt auf die eigene Empfindungsseele geschaut werden. Man erkennt von dort aus besser, dass bestimmte Erfahrungen in der Empfindungsseele sich wiederholen, wenn auch an anderen Orten und mit anderen Menschen, aber mit derselben Gesetzmäßigkeit. Die Verstandes- oder Gemütsseele fragt sich, worum es eigentlich geht. Dadurch entsteht auch mehr Abstand zu den eigenen Sympathien und Antipathien und es werden Möglichkeiten geschaffen, zu relativieren.

Indem sich auch der emotionale Abstand zur Welt vergrößert, kann eine verbindlichere persönliche Verbindung zustande kommen. Auch das Bedürfnis, sich mit einer bestimmten Herausforderung seiner Arbeit zu verbinden, kann jetzt entstehen. Die Experimentierphase ist für diesen Teil der Seele vorbei, man möchte sich mehr in eine bestimmte Sache vertiefen. Weniger Breite also, und mehr Tiefe.

Die Entwicklung der Verstandes- oder Gemütsseele arbeitet weiter an der Entwicklung des Ätherleibs. Wir können diese Seele als eine Metamorphose des Ätherleibs ansehen.

Wir kennen den Unterschied dieser Bereiche der Seele zum Beispiel durch unsere Zeitungslektüre. Die eine Zeitung schreibt Sensationsberichte und spricht damit die Empfindungsseele an. Das kann angenehm sein. Aber meist schaut man da nicht über den eigenen Tellerrand. Andere Zeitungen schreiben mehr über die Hintergründe und erfordern damit mehr Konzentration und Verständnis von Zusammenhängen. Sie sprechen die Verstandes- oder Gemütsseele an. Sie scheinen die geschilderte Situation komplizierter zu machen. Aber wir wissen, dass die Dinge tatsächlich meist kompliziert sind.

In der zweiten Hälfte unserer dreißiger Jahre wird von innen her der Keim der Bewusstseinsseele frei. Die Frage, worum es im eigenen Leben wirklich geht, wird jetzt aktueller. Was sagt alles das, was wir tun, über uns als Individuum aus? Aus welchen Idealen und Werten heraus will ich leben? Wir sind in unserem Beruf nicht nur Dienstleister oder Produzierende, sondern entwickeln uns daran auch als Mensch. Durch unsere Aktivitäten setzen wir etwas in die Welt. Wie drücken wir uns selbst in unseren Tätigkeiten aus? Es sind grundlegende Fragen, bei denen es darauf ankommt, dass unsere Individualität sich weiterhin ausformt und sichtbar wird, auch wenn wir dabei Risiken eingehen müssen.

Wenn auf diese Fragen keine befriedigende Antwort gefunden wird, wenn man einfach auf die alte Art weitermacht, die zur vorigen Lebensphase gepasst hat, kann es passieren, dass mit

Anfang vierzig eine Krise entsteht, die das Versäumte aufzeigt und uns vor Augen führt, was hätte entwickelt werden können. Das ist die sogenannte Midlifecrisis. Dieses Unbehagen will eine passende Antwort. Und dazu gehören Schritte, die zu einem solchen Bedürfnis passen. Allerdings sind das oft einschneidende Lösungen, die Mut erfordern. Denn es ist schon viel aufgebaut und inzwischen unveränderlich geworden, weil die vorige Phase lange angedauert hat. Und dann hängt man in der Regel an den Konsequenzen früherer Entscheidungen fest, sei es ein Haus mit Hypothek oder die Sicherheit eines bestimmten Einkommens. Dann kann die Verführung groß sein, das Unbehagen zu beschwichtigen, indem man einen Schritt in die Richtung nicht geht, den die Entwicklung eigentlich will, sondern gewissermaßen einen Schritt zur Seite setzt.

So erzählte jemand, dass er mit Anfang vierzig ein solches Unbehagen gespürt hatte. Eigentlich wollte er etwas ganz anderes, wollte aufhören mit der Tätigkeit, bei der er durch ein paar Beförderungen allmählich gelandet war, in der er jedoch keine Befriedigung fand. Er war dem entwachsen. Doch er merkte, dass er in seinem Einkommen, seiner Hypothek, seinen Gewohnheiten feststeckte. Er hatte sich damals entschlossen, etwas Neues zu unternehmen. Er war nach draußen gezogen, in ein Haus mit großem Garten und weiter von der Stadt entfernt. Allerdings mit einer längeren Fahrt zu seiner (immer noch unbefriedigenden) Arbeit. Nach ein paar Jahren gab er auf, er bekam ein Burnout. Erst da wurden die richtigen Entscheidungen getroffen. Anders ging es nicht mehr.

In unserer Kulturepoche ist es die Aufgabe, die Bewusstseinsseele weiterzuentwickeln. Die Einteilung in Entwicklungsphasen verfließt hier allmählich. Durch die zunehmende Lebenserfahrung entwickeln sich die Wesensglieder weiter. Wir bekommen immer mehr die Möglichkeit, sie miteinander ins Gleichgewicht zu bringen und von da aus das alte Karma weiter auszugestalten und neues Karma zu schaffen.

Erdenentwicklung

Wir haben die Entwicklung der Wesensglieder bis hierher aus der Sicht der individuellen menschlichen Entwicklung beschrieben. Wir können sie jedoch auch aus der größeren Perspektive als Entwicklung der Menschheit als Ganzes betrachten. Dann sehen wir ein gleiches allmähliches Wachstum, bei dem auch immer ein Wesensglied frei wird, jetzt jedoch als Herausforderung für alle Menschen zusammen. Das äußert sich in allmählichen kulturellen Veränderungen. Von den alten Kulturen, in denen sich die ersten Veränderungen vollzogen haben, ist wenig übriggeblieben. So wurde in der alten indischen Kultur der Ätherleib entwickelt, in der Periode danach, als das Zentrum der Kultur in Persien lag, dem heutigen Iran, der Empfindungsleib. In jenen Zeiten war die Menschheit noch viel enger mit der Götterwelt verbunden, als wir es jetzt sind und es uns überhaupt vorstellen können. Die eigenen Seelen waren noch nicht entwickelt, das eigene Ich gab es also noch nicht. Von einem Selbstbewusstsein konnte man kaum sprechen. Heutzutage wird das Leben des individuellen Menschen in der ersten Zeit von den Eltern und anderen Erziehern versorgt und geführt. In jener Zeit wurden die Menschen von den Göttern geführt. Wir sagten schon, dass die Götter eine schöpferische Realität waren (und sind), kein denkerisches Konzept.

Wenn in einer folgenden Phase die Empfindungsseele frei wird und sich entwickelt, wird der Mensch mehr als Individuum sichtbar und tritt in der Welt in Erscheinung. Eine neue Kultur entsteht, deren Reste noch sichtbar sind, wie zum Beispiel die Pyramiden und Tempel in Ägypten oder die Zikkurats in Babylonien. In diesen wurden die Götter verehrt, und es waren zugleich Zentren der Weisheit, in denen das Wissen der Götterwelt gepflegt wurde. Durch Einweihungsrituale konnten Fähigkeiten entwickelt werden, die Götterwelt wahrzunehmen und durch Inspiration die menschliche Gesellschaft zu führen. Die Götter wurden noch aktiv ins Tun und Treiben des täglichen Lebens einbezogen.

Allmählich verschiebt sich das Zentrum der Entwicklung mehr nach Norden und Nordwesten, bis es schließlich in Griechenland landet. Dort beginnt die Entwicklung der Verstandes- oder Gemütsseele. Äußerlich erkennen wir es an der plötzlichen Entstehung der Philosophie als Ausdruck der Verstandesseele. So lohnt es sich auch in der heutigen Zeit noch, zum Beispiel die Werke Platos und Aristoteles' zu studieren. Sie waren die Ersten, die ihren klaren Verstand gebrauchten und selbstständig Denkgebäude errichteten, die von der Aktivität der Verstandesseele zeugten. Vorher gab es schon die Tragödiendichter Aischylos, Sophokles und Euripides. Sie entwickelten die Empfindungsseele, ihre Stücke rühren noch immer unsere Seele und werden bis heute aufgeführt. Auch in der bildenden Kunst entstehen ausdrucksvolle Werke, die in ihrer Lebendigkeit viel mehr Ausdruck des menschlichen Gemüts sind als die Kunst der Ägypter.

Dann nähern wir uns unserer Kulturepoche, in der die Bewusstseinsseele aufkeimt und entwickelt werden will. Wir sind als Mensch jetzt individueller und suchen einen Lebensweg, der mit uns selbst zusammenhängt. Wir sind immer weniger geneigt, den Erwartungen der Familie zu entsprechen, uns in Familientraditionen zu fügen oder uns überhaupt an Regeln zu halten, deren Nutzen wir nicht einsehen. Wir suchen unsere eigene individuelle Verbindung zur Spiritualität und suchen Wege unabhängig von Kirche und Religion. Und wir suchen nach einer eigenen Moral.

Diese Entwicklung steckt kulturell sozusagen noch in den Kinderschuhen. Das sehen wir zum Beispiel daran, wie mit Regeln und Gesetzen umgegangen wird. Während ich dies Buch schreibe, sind zum Beispiel die Nachrichten um die sogenannten *Panama Papers* gerade aktuell. Darin wird beschrieben, wie auf dem Wege komplizierter Konstruktionen versucht wird, das Geld dem Zugriff der Steuerbehörden zu entziehen. Das Ärgerliche daran ist, dass dies gesetzlich nicht verboten ist und somit also legale Möglichkeiten genutzt werden. Klar ist aber, dass dies dem Geist des Gesetzes entgegensteht. Doch der Geist des Gesetzes lässt sich schwer exakt in Worte fassen.

Die Qualitäten der einzelnen Seelenglieder laufen in unserer Entwicklungsphase sowohl individuell wie kulturell immer stärker durcheinander. Während ein Teil der Menschheit Schritte in die Richtung der Bewusstseinsseele setzt, leben andere Teile der Welt in der Verstandes- oder Gemütsseele und wieder andere in der Empfindungsseele. Das bedeutet nicht, dass der eine weiter entwickelt ist als der andere. Auch in der Menschheit als Ganzes sind immer alle drei vorhanden (und nötig), um einander zu ergänzen.

Auch für das Individuum gilt: In bestimmten Situationen kann die Empfindungsseele dominieren, in einer anderen Rolle können wir in der Sphäre der Bewusstseinsseele leben. So können wir beispielsweise am Arbeitsplatz die Kraft der Bewusstseinsseele einsetzen, während im privaten Umfeld ein ganz anderer Bereich der Seele das Sagen hat.

Das hängt damit zusammen, dass bei der Entwicklung der höheren Seelen immer mehr Eigenaktivität verlangt wird. Hier geht es zugleich um eine persönliche Verantwortung oder, wenn man so will: um eine persönliche Freiheit. Wenn wir in eine problematische Situation geraten, haben wir die Freiheit, dies als eine Herausforderung zu sehen und etwas daraus zu lernen, können uns aber auch als Opfer der Situation empfinden. Indem wir die Situation als Herausforderung annehmen, kann unsere Verstandesseele beteiligt sein, indem wir einen gewissen Abstand zu ihr entwickeln, und unsere Bewusstseinsseele, indem wir eine Bedeutung darin erkennen.

Als Beispiel wählen wir den Gebrauch der Multimedien. In einem Großteil der Online-Kontakte geht man auf das ein, was sich gerade im Moment gerade abspielt. Man erhält alle Informationen aus getippten Mitteilungen. Alle nonverbalen Eindrücke dagegen verschwinden. Ruhe braucht man dafür nicht – Ruhe, in der wir aus den Gebärden oder der Mimik etwas ablesen können. Gerade diese Informationen wecken aber etwas von den höheren Seelenqualitäten. Wenn wir beide Eindrücke gleichzeitig vor uns haben, das gesprochene Wort und die nonverbale Information, erkennen wir auch ihre Widersprüchlichkeit und die Bedeutung, die darin liegt. Wir sind aufgefordert zu lernen, diese stilleren Kräfte zu interpretieren, mit denen der andere sich ausdrückt.

Der gesamte Prozess der Menschwerdung wird von den Wesen der geistigen Welt gelenkt und begleitet. Wir als Menschen müssen es *tun*, sie schaffen die Umstände, die uns die Chancen und Herausforderungen geben. So haben sie uns durch die Kulturepoche von Ägypten geführt und dann durch die griechisch-römische Kulturepoche, in der es die erste Herausforderung war, die Empfindungsseele und dann die Verstandes- oder Gemütsseele zu entwickeln. Und daran haben sie ihre eigene Entwicklung durchgemacht. Sie entwickeln sich genauso an uns wie wir an ihnen oder wie Eltern sich an der Erziehung eines Kindes entwickeln.

Doch jetzt leben wir in einer neuen Epoche, und in der entwickelt sich die Bewusstseinsseele. Jetzt ändert sich unser Verhältnis zu den lenkenden Hierarchien. Wir bekommen eine größere Verantwortung, und sie ziehen sich ein wenig zurück. Sie brauchen jetzt mehr als früher die Zusammenarbeit mit uns, brauchen es, dass wir mehr aus unserem Bewusstsein heraus handeln, das zu ihren Zielen passt. Wenn wir sie in unserem Bewusstsein haben und aus diesem Bewusstsein heraus handeln, geben wir ihnen etwas zurück. So können wir sie ernähren, und es entsteht eine gewisse Zusammenarbeit von Mensch und Hierarchien.

Diese ganze Entwicklung ist ein Reifen von innen nach außen. Die Keime der einzelnen Seelen, die erst später geboren werden, sind von Anfang an im Inneren gespeichert. So arbeiten sie von innen zuerst mit an dem Aufbau der unteren Glieder, die sie später als Instrument gebrauchen werden. Wenn die bis zu einem gewissen Punkt abgeschlossen sind, wird das nächste Wesensglied frei. Im Kapitel über Reinkarnation und Karma werden wir darauf zurückkommen.

9 Die Aura

Der Mensch ist ein Bauwerk mit körperlichen Qualitäten, Seelenqualitäten und einem geistigen Quell. Dieses Bauwerk haben wir bis hierher aus Begriffen aufgebaut, und diese Begriffe helfen uns dabei, bewusst zu erkennen, was wir in unserem täglichen Leben an anderen erleben. Wir können aber auch versuchen, dieses Bauwerk aus dem Gesichtspunk unseres Erlebens zu verstehen, also aus dem heraus, was wir unwillkürlich an uns selbst und an anderen wahrnehmen. Und dabei kann der Begriff *Aura* hilfreich sein.

Die Aura müssen wir uns als ein nicht sinnlich wahrnehmbares Energiefeld vorstellen, das den Körper umhüllt. Dem normalen Auge ist es unsichtbar. Doch wir erleben es durchaus. Es besteht sowohl aus den Kräften der verschiedenen Bereiche der Seele – der Empfindungsseele, der Verstandes- oder Gemütsseele und der Bewusstseinsseele – als auch aus dem Empfindungsleib. Die Kräfte der Aura beeinflussen die vitalen Prozesse des Körpers und üben so Einfluss auf das Funktionieren der Organe aus. Auch psychosomatische Beschwerden sind mit Hilfe des Begriffs der Aura besser zu verstehen.

Wir erleben die Aura beispielsweise an der Aufmerksamkeit, die wir von einem anderen spüren, oder daran, wie wir mit unserem eigenen Körper verbunden sind. Wir sehen es an den Augen des anderen, wie er in die Welt schaut: aufmerksam oder in sich gekehrt; mit stechendem Blick oder fragend. Und wir reagieren darauf, wenn sich dies während des Gesprächs verändert. Wir spüren es auch daran, wie jemand uns berührt: Manchmal empfinden wir die Berührung als oberflächlich oder kalt, manchmal als Kraft, die uns liebevoll durchdringt.

In der Aura wirken die Kräfte der drei Seelen, wie wir es bereits besprochen haben. Sie bilden drei Schichten, die sich sowohl in ihrer Intensität als auch in ihrer Wirkensweise auf den Körper voneinander unterscheiden.

Der Begriff Aura ähnelt der östlichen Sicht auf Mensch und Natur. Von ihrer Tradition her sind die Menschen es dort mehr gewohnt, mit nicht unmittelbar messbaren Kräften umzugehen. Als diese Tradition einst entstand, waren die Menschen von Natur aus eher hellsehend als jetzt und sahen die Auren mit anderen Wahrnehmungsorganen, ihren Chakren, über die später noch gesprochen wird. Auch heutige Hellsehende können die Aura wahrnehmen.

Das Energiefeld der Aura hat verschiedene Qualitäten. Wir können auf die Dichte schauen, auf die Art, wie sie sich mit dem Körper verbindet, sowie auf ihre Farbe und auf die Bewegungen, die darin stattfinden. Doch zunächst ein Beispiel.

Wir können die Empfindung haben, uns »wohl in unserer Haut« zu fühlen. Das ist ein alltäglicher Ausdruck, der beschreibt, was wir erleben. Aber was bedeutet das eigentlich? Wer ist es, der sich wohlfühlt in seiner Haut? Von der Aura aus gesehen, kann man in einem solchen Fall sagen, dass sie sich harmonisch über den Körper verteilt. Alles gehört dazu, vom Kopf bis zu den Füßen. Die Bewegung ist ruhig. Wir atmen eher über den Bauch. Wir sind mit unserer Aufmerksamkeit ganz in diesem Augenblick, die Muskeln sind entspannt und der Körper ist warm.

Stellen wir uns nun vor, dass etwas geschieht, worüber wir uns erschrecken. Was fühlen wir, wenn das geschieht? Wir sind angespannt, werden aufmerksam. Die Energie wandert zu den Sinnesorganen, das Gefühl des Wohlbefindens schwindet. Die Aura schrumpft, verengt sich und zieht mehr nach oben, zum Kopf. Die Füße und Beine werden dann leicht kalt. Vielleicht bekommen wir eine Gänsehaut.

Auch bei Angst tritt eine solche Reaktion auf. Angst bedeutet, dass möglicherweise etwas passieren kann, das wir nicht wollen oder von dem wir uns sicher sind, dass wir es nicht ertragen. Eigentlich wollen wir aus der Situation flüchten, oft aber meinen wir, dass das eigentlich nicht geht, oder wir bringen den Mut nicht auf. Oder ein anderer Teil von uns will diese Situation gerade erleben. Dann zieht die Aura sich aus den Beinen zurück; sie wollen nicht mehr mitmachen. Die Aura schiebt sich nach oben, und alle Energie wandert zum Kopf. Das bedeutet, dass jetzt mehr Denk-Energie übrig bleibt als Tätigkeits-Energie. Da der Schwerpunkt der Energie nach oben zieht, wandert auch die Atmung nach oben, und die Bauchatmung wird zur Brustatmung.

Da, wo die Aura sich festhält, entsteht schnell eine Verkrampfung. Das gilt im Falle der Angst vor allem für das Zwerchfell, das jetzt weniger beweglich wird. An der Stelle, die verlassen wird, entstehen jetzt leicht Kälte und Verfestigung. (Etwas Derartiges sehen wir auch, wenn jemand sich für etwas sehr verantwortlich fühlt, aber merkt, dass er den Anforderungen nicht gewachsen ist. Dann zieht die Aura nach oben und versetzt die Schultern in einen Krampfzustand.)

Wenn die Angst heftiger wird und die Aura noch weiter hinaufkriecht, lässt sie das Zwerchfell ganz los und fixiert sich noch weiter oben, um den Hals und die Schultern. Das ist die Situation, die wir als Panik bezeichnen. Die Folge ist, dass noch mehr Energie zum Kopf zieht. Die Energie wird für Grübelei und Gedanken verwendet, die sich im Kreis drehen. Sollte die Aura noch weiter nach oben ziehen, verliert sie die Verbindung zum Körper; der Körper kann nicht mehr aufrecht stehen: Wir werden ohnmächtig.

Manchmal sagen wir von einem Menschen, er sei zu sehr in seinem Kopf. Das bedeutet, dass die Energie im Kopf zu viel ist, dass die Aura sich also im Kopf konzentriert. Zu viel Energie im Kopf bedeutet, dass man zu viel denkt, denn der Kopf ist das Organ des Denkens. Genügend Energie an der Stelle ist angenehm, und das ist gesund und hilfreich. Doch ein Zuviel bedeutet, dass an anderen Stellen dafür zu wenig ist, zum Beispiel im Herzen und in den Muskeln, wodurch zu wenig Gefühl und zu wenig Willenskraft zur Verfügung stehen. Wir verfallen in eine Einseitigkeit, die nicht gesund für uns ist.

Was ist es, was da zu viel im Kopf steckt? Es sind die Kräfte der Aura. Und wo sind wir selbst? Wir sind als Zuschauer anwesend und nehmen diesen Vorgang aus der Perspektive unseres Selbstbewusstseins wahr.

Ebenso kann die Aura sich auch mehr mit dem Bereich der rhythmischen Prozesse des Herzens und der Atmung verbinden, oder auch mit den Gliedmaßen. Wenn die Energie mehr im Gebiet von Herz und Lunge steckt, werden wir ein Gefühlsmensch. Wenn die Verbindung mit den Gliedmaßen vorherrscht, wird man ein Macher, der mühelos aktiv wird. Es steckt viel Energie in den Gliedmaßen, wir können sie also leicht gebrauchen, wenn wir etwas unternehmen wollen. Steckt jedoch zu viel Energie darin, führt es zu Unruhe. Das sieht man bei Menschen mit ADHS oder mit dem *Restless Legs Syndrom.*

Alle hier beschriebenen Erscheinungen haben auch eine physische Seite. Man spricht dann beispielsweise von Adrenalin oder anderen Stresshormonen oder von den Wirkungen des autonomen Nervensystems. Da geht man dann von der Biochemie aus und berichtet von dem, was im Empfindungsleib geschieht. Die Psychologie bezeichnet einen solchen Prozess eher als Angst oder Unsicherheit. Die Beschreibung vom Aura-Begriff aus nimmt eine Zwischenposition ein, die sowohl körperliche Energie als auch psychische Energie betrachtet. Außerdem berücksichtigt sie, was wir in uns selbst und am anderen erleben.

Dicht oder weiträumig

Ein anderer Aspekt der Aura ist ihre Dichte. Jede Aura hat ihre eigene Dichte. Bei einigen Menschen ist weniger Dichte vorhanden: Dann wird die Aura zart, flüchtig und breitet sich weit im Raum aus. Man lebt dann gleichsam stärker im Raum und spürt genau die Stimmung um sich herum. Man erspürt auch schneller die Stimmung der Menschen, die sich im Raum befinden.

Unsere eigene Aura kann mit der anderer Menschen zusammenfließen, denn es handelt sich nicht um Physisches. Wir nennen es Kontakt. Kontakt bedeutet, »gemeinsam berühren« (lat. *con,* zusammen und *tangere,* berühren). Auch hier ist es wieder so, dass wir das Vorhandensein oder Nichtvorhandensein von Kontakt wahrnehmen, indem wir es erleben. Dieses Erleben können wir dann als eine Art Wahrnehmungsorgan ansehen, eine Art übersinnliches Wahrnehmungsorgan. Eine weitere Vertiefung des Zusammenfließens nennen wir Intimität.

Wenn dieses Ausströmen oder Ausdehnen sehr stark wird, kann man dadurch auch zu sehr in einen anderen Menschen hineinkommen. Das geschieht leicht bei Menschen, die sehr empfindsam sind. Sie können auch die Schmerzen eines anderen mitempfinden oder sogar körperlich spüren: Sie übernehmen beispielsweise die Kopfschmerzen eines anderen. Ob es jemandem mit einer so stark ausströmenden Aura dann schlecht geht, hängt davon ab, wie gut die Aura mit dem eigenen Körper verbunden bleibt. Manchmal schwärmt die Aura so sehr aus, dass die Verbindung mit dem eigenen Körper vernachlässigt wird und man den anderen mehr erlebt als sich selbst. Dann wird es zum Problem, und man muss lernen, die Aura fester am eigenen Körper zu verankern. Dabei helfen die Erdungsübungen, die in vielen Kampfsportarten üblich sind. Aber auch ein einfaches Rückwärtslaufen hilft, sich besser zu erden. Man verpflichtet sich, mit den Füßen besser zu ertasten, wo man gerade steht, und mit dem Rücken zu spüren, ob man weiter kann. Das zieht die Aura nach unten und nach hinten.

Es gibt auch den Gegenpol. Dabei handelt es sich um Menschen mit einer dichteren Aura. Da erleben wir die entgegengesetzte Dynamik. Indem die Aura sich dicht um sie herumlegt, bekommt man zu solchen Menschen weniger schnell Kontakt. Sie können besser bei sich sein. Eine zu starke Dichte kann für solche Menschen auch beschwerlich werden, weil sie den Kontakts zu anderen vermissen. Sie spüren auch die Stimmung im Raum weniger und können sich nur schwer in andere Menschen hineinversetzen.

Im Bereich der Sexualität spielen die Qualitäten der Aura ebenfalls eine wichtige Rolle. Gerade beim Geschlechtsverkehr können die Auren der beiden Menschen besonders stark ineinanderfließen. Dadurch entsteht außer der physischen Verbundenheit das Gefühl der Intimität und gibt der Sexualität eine tiefere Gefühlsdimension.

Auren haben auch Qualitäten, die sich mit Farben vergleichen lassen. Hellsehende nehmen die Auren oft als ein farbiges bewegtes Feld wahr. Diese Farben sieht man nicht mit seinen physischen Augen; die Aura hat vielmehr eine Wirkung auf uns, die mit Farben zu vergleichen ist. Sie hängen mit verschiedenen Seelenqualitäten zusammen wie etwa Fürsorglichkeit, Wut, Humor, Ernst, Aufmerksamkeit oder Religiosität.

Nehmen wir die Fürsorglichkeit: Welche Farbe erleben wir dabei? Und welche Bewegung? Ich erlebe sie als eine zartgrüne Farbe in einer umhüllenden Bewegung. Wut dagegen als eine eher rote Farbe und eine stechenden Bewegung. Ärger erlebe ich auch als rot, aber getrübter, mit einer mehr nach innen gerichteten Bewegung, die auch zum Kopf hin führt und dort Grübeleien verursacht. Humor erlebe ich eher als eine gelbe, hellere Farbe in schneller, schießender Bewegung.

Wenn ich mir solche Vorstellungen in Farbe und Bewegung mache, hilft es mir, bewusster in dem zu sein, was ich am anderen erlebe.

Dies alles ist um uns Menschen herum vorhanden. Wir nehmen es – wenn auch gewöhnlich unbewusst – wahr. Doch auch wenn es meistens unbewusst bleibt, tut es dennoch seine Wirkung. Zunächst einmal nehmen wir es als ein Gefühl des Behagens oder Unbehagens oder als ein Gefühl der Sympathie oder Antipathie wahr.

Ein nächster Schritt würde dann in der Frage bestehen, ob wir uns bewusst machen können, was wir unwillkürlich wahrnehmen. Das ist Teil des Schulungsweges, über den im Kapitel »Innerer Schulungsweg« mehr zu finden sein wird.

Die Aura und die drei Bereiche der Seele

Wir können jetzt versuchen, die Begriffe der drei Bereiche der Seele – der Empfindungsseele, der Verstandes- oder Gemütsseele und der Bewusstseinsseele – mit dem Bild der Aura zu verbinden. Da zeigt sich, dass die Aura aus drei Schichten aufgebaut ist. Diese Schichten unterscheiden sich in ihrer Dichte und in ihrer Ausrichtung: mehr aufs Irdische oder mehr aufs Geistige hin.

Die erste Schicht der Aura wird von der Energie der Empfindungsseele gebildet. Sie ist eng mit dem Körper verbunden. Ihre Energie ist intensiv und beweglich. Sie hat direkten Einfluss auf das Funktionieren der Körperprozesse. Das nehmen wir beispielsweise an der Lebendigkeit des Blickes wahr und an den Bewegungen, die jemand beim Sprechen macht. Aber auch an der Tätigkeit der inneren Organe, die rasch durch eine zu starke Verbindung von Seele und Körper in ihrer Funktion beeinträchtigt werden.

Die Energie dieser ersten Schicht der Aura ist oft schnell und beweglich und reagiert stark auf äußere Umstände. Sie reagiert aber ebenfalls auf Impulse, die aus dem Körper selbst kommen.

Die zweite Schicht der Aura wird von der Verstandes- oder Gemütsseele gebildet. Diese Energie ist ruhiger, ihre Farbe ist durchsichtiger und die Bewegung langsamer. Die beiden genannten Schichten sind nicht streng voneinander getrennt. Diese durchsichtigere Schicht durchzieht mehr oder weniger stark die Schicht der Empfindungsseele. Wenn sie diese gut und richtig durchzieht, dann ist der Bereich des Urteilens und der Emotionen mit Bewusstsein durchzogen. Die Teile der Empfindungsseele, in denen wir unfrei sind und von denen wir mehr oder weniger unbewusst einfach mitgenommen werden, sind nicht von dieser flüchtigeren Auraschicht durchzogen.

Die Eindrücke von außen – aus der Natur oder von anderen Menschen – dringen zunächst in die erste Auraschicht ein. Sie reagiert auf diesen Reiz mit einer inneren Bewegung, wie sie etwa im ersten Beispiel zu Beginn dieses Buches am Fall Toms beschrieben wurde. Wenn die zweite Schicht stark ist, kann sie diese Bewegung auffangen und mit Bewusstsein abdämpfen. Ein Beispiel: Jemand reagiert wütend auf uns. Anfangs sind wir gekränkt durch die Ungerechtigkeit dieses Angriffs. Die Empfindungsseele gerät in heftige Bewegung, während die aurische Schicht der Verstandes- oder Gemütsseele kleiner wird oder auch in den Raum der Empfindungsseele hineingezogen wird. Dann kann als Selbstverteidigung eine antipathische Reaktion erfolgen, indem wir uns selbst zur Wehr setzen und im Bereich der Aura auf Abstand gehen. Doch dann können wir uns vielleicht klarmachen, dass diese Wut wahrscheinlich nichts mit uns zu tun hat, sondern mit den Spannungen beispielsweise an seinem Arbeitsplatz. Davon hatte er uns schon erzählt. Die zweite Schicht der Aura weitet sich jetzt wieder aus und bringt Ruhe in die erste Schicht. Und wenn wir die zweite Schicht der Aura sich wieder ausdehnen lassen, entsteht wieder das Gefühl des Kontakts. Dadurch kann auch wieder Ruhe in die erste Auraschicht des anderen kommen.

Die dritte Schicht der Aura wird von den Kräften der Bewusstseinsseele gebildet. Es ist die ausgedehnteste und flüchtigste Schicht. Ich erlebe diese Schicht weniger als Farbe, sondern vielmehr als Klang. Als flüchtigen Klang, der als Klangfarbe die Seele gestaltet. Diese Schicht kann ihrerseits die beiden anderen Schichten durchziehen und einen positiven Einfluss ausüben.

Durch ihre Zartheit ist sie schwieriger zu hören und wahrzunehmen. Für uns selbst wie für andere. Wir müssen gleichsam durch die beiden anderen Schichten hindurchlauschen, um Verbindung zu ihr zu bekommen.

Wie die erste Schicht mit den Ereignissen in der stofflichen Welt mitvibriert – also durch alles, was über Augen, Ohren und andere Sinne zu uns gelangt –, so vibriert diese Schicht mit dem mit, was im geistigen Kosmos geschieht. Das bedeutet, dass sie in Bewegung gebracht wird durch Gesetzmäßigkeiten des Ewigen, von Kräften, die über uns als Person hinausreichen. Das sind die Kräfte der Moral, der Ideale und Werte, und auch des Gewissens, die weit über unsere eigenen Interessen hinausreichen.

Da diese Schicht so zart und flüchtig ist, können wir nur schwer wahrnehmen, was dort geschieht. Die erste Schicht der Aura ist so viel direkter und lebendiger, dass sie im Vergleich zur zweiten und dritten schnell dominiert. Unser selbstbewusstes Ich braucht Wachheit, um die Klänge der höheren Auraschichten wahrzunehmen. Das gilt für den Klang der Aura eines anderen wie auch für unseren eigenen.

Im Tagesgeschehen ist die Aura ein bewegliches Ganzes, sie ist immer in Bewegung. Im ruhenden Zustand wird sie größer und weniger beweglich. Sie kann größer werden und schrumpfen, sie kann nach oben reichen und sich mehr mit dem Kopf verbinden, und ebenso mit den Gliedmaßen, wenn wir gerade etwas vorhaben. So können wir erleben, dass die Aura eines Menschen sehr schnell dazu neigt, sich vom Kontakt zurückzuziehen, wenn er mit seinem Telefon beschäftigt ist, zum Beispiel kurz eine SMS schicken will. Die Aura zieht sich rund um den Apparat zusammen und alle Aufmerksamkeit ist darauf gerichtet. Darum hat ein solcher Apparat für mich oft etwas Unsoziales.

Die Aura hat noch höhere Schichten. Diese sind bei uns Menschen bisher jedoch nur als Keim vorhanden und können erst in der Zukunft entwickelt werden. Sie hängen mit den verschiedenen

Aspekten des Geistes zusammen, also mit dem Geistselbst, dem Lebensgeist und dem Geistesmenschen. Höheren Wesen stehen sie allerdings zur Verfügung, da diese keine niederen Wesensglieder wie physischen Leib oder Ätherleib haben. Dagegen stehen ihnen die höheren Qualitäten des Geistes zur Verfügung. Dadurch können sie in unserem Inneren Einfluss auf uns ausüben. Wie bei uns auch die höheren Seelenglieder in die niederen eingreifen, kann das auch von der geistigen Welt aus geschehen. Dann greifen sie beispielsweise über die höheren Auraschichten wie das Geistselbst in unsere Bewusstseinsseele ein und nach und nach in die niederen Glieder. So können sie unser Leben mitlenken. Solche Prozesse nennen wir gewöhnlich Inspiration oder Intuition. Bei der Inspiration flüstern sie uns gleichsam etwas zu. Inspiriert führen wir es dann aus. Es schenkt Kraft und Enthusiasmus. Im Prozess der Intuition wirken sie in unserem Handeln. Dazu benutzen sie gleichsam ganz kurz unsere Muskeln. Rückblickend können wir dann manchmal erstaunt über das sein, was wir getan haben – richtiges Handeln im richtigen Augenblick. Doch dann sind wir es also nicht immer selbst, die da gehandelt haben!

Und so können wir auch auf das Wirken des Zufalls blicken. Zu-fall: Etwas fällt uns zu. Oft auf unergründlichen Wegen. Wenn wir versuchen, dies als die Wirkung höherer Wesen zu sehen, die uns aus liebevollem Beteiligt-Sein mitlenken, öffnet sich eine Welt für uns.

Chakren

Die verschiedenen Schichten der Aura durchdringen einander in lebendiger Weise. Sie sind in dauernder Bewegung, die von außen wie von innen bestimmt wird. In diesem reichen Gebiet einer Vielfalt von Strömen gibt es bestimmte Zentren mit einer mehr oder weniger festen Form. Sie werden Lotusblumen oder Chakren genannt. Die Chakren sind übersinnliche Energieknotenpunkte. Sie fallen im Körper mit bestimmten Nervengeflechten zusammen. Die sieben wichtigsten liegen – von unten nach oben gesehen – am Steiß, um den Nabel, am Sonnengeflecht in der Magengrube, in der Herzgegend, dem Kehlkopf, auf der Stirn und über dem Scheitel. Sie haben sowohl eine psychische Qualität als auch eine körperliche Wirkung; das bedeutet, dass es Zentren im Astralleib sind, denn der Astralleib ist sowohl im Empfindungsleib als auch in der Empfindungsseele aktiv. Beispielsweise können Störungen im Magenchakra sowohl zu Magenbeschwerden als auch zu Verstimmungen in der Seele führen. Die Verbindung zwischen Ärger und Magenbeschwerden führt dann über das Magenchakra. Daher finden wir viele psychosomatische Beschwerden im Bereich der verschiedenen Chakren. Wir kennen das Gefühl, einen »Kloß im Hals« zu haben. Medizinisch ist dort nichts zu finden, denn es ist nichts Physisches, sondern ein Stau im Bereich des Kehlkopfchakras. So können wir auch Spannungskopfschmerz als eine Verkrampfung im Stirnchakra sehen und viele kindliche Bauchschmerzen als Problem des zweiten (Nabel-)Chakras. Und wenn jemand außer sich gerät, kann es sein, dass das Scheitelchakra zu weit geöffnet ist.

Rudolf Steiner spricht öfter davon, dass wir unseren Astralleib durch den meditativen Schulungsweg zu einem Wahrnehmungsorgan umgestalten können. Für mich wurde das zu einer spannenden Forschungsfrage. Ist damit gemeint, dass wir unsere Chakren zu Wahrnehmungsorganen verwandeln können? Und was können wir dann mit ihnen wahrnehmen? Bleiben wir bei dem Beispiel der Verstimmung im Magenchakra: Was könnten wir dann mit Hilfe des Magenchakras beziehungsweise der Verstimmung wahrnehmen?

In einer Forschungsgruppe haben wir uns mit dieser Frage auseinandergesetzt. Durch übendes Vertiefen gelangten wir zu der Annahme, dass man mit dem Ärger Kräfte belebt, die in einem physischen Geschehen wirksam sind. Das physische Geschehen nehmen wir mit den äußeren Sinnen wie den Augen und Ohren wahr. Aber die Kräfte, die darin wirken und das Geschehen verursachen, nehmen wir dann mit den Chakren wahr.

Sehen wir uns dies anhand meiner Reaktionen auf Radiowerbung an. Hier geschieht auf mehreren Ebenen etwas: Mit meinen Ohren höre ich die Worte der Werbung. Sie erzählen mir, dass man Rabatt bekommt, wenn man dies oder das tut, oder dass man gratis etwas dazubekommt, wenn man etwas kauft. Es geht also um Fakten, die mich nicht zu kümmern brauchen. Aber innerlich reagiere ich wütend. Ich ärgere mich und rede einfach auf das Radio ein, von dem ich weiß, dass es mich nicht hört.

Worauf reagiere ich hier mit meiner Wut? Erstens auf die affektierte Art der Sprache. Eine unnatürliche, hohe Stimme, als würde sie etwas Besonderes verkünden. Wenn wir dann aber bei den nächsten Werbeeinblendungen merken, dass die Sprache immer die gleiche bleibt, wird klar, dass diese Art zu reden kein Zufall ist. Da scheint Regie dahinterzustecken, ein Plan also. Welche Kraft ist das? Ich merke hier die Verführung, den Versuch, mich, wenn auch nur für kurze Zeit, für das Produkt zu begeistern und es dann zu kaufen. Durch das physische Geschehen wirkt die Verführung. Und die ist Sache der Seele. Und in der Verführung lebt die Habgier der Werbeleute, die mich manipulieren wollen, damit ich auf ihre Habsucht reinfalle.

Marketing-Spezialisten arbeiten mit der Kraft der Verführung. Sie haben darüber nachgedacht, wie sie mich am besten verführen können. Dazu lassen sie sich von Kommunikationswissenschaftlern beraten und instruieren die Sprecher, einen bestimmten Ton anzuschlagen. (Das sind in der Werbung im Allgemeinen zwei Arten: die aufgeregte Stimme der Empfindungsseele und die beruhigende Stimme der Verstandes- oder Gemütsseele.)

Die Energie dieser verführenden Kraft geht durchs Radio hindurch und wirkt bei mir auf das dritte Chakra, das Sonnengeflecht. Dadurch entsteht in mir Energie – eine Energie im Astralleib. Wenn diese Energie Einfluss auf die Empfindungsseele nimmt, setzt sie sich in Emotion um. Bei einem anderen kann das vielleicht Begierde sein, bei mir ist es Ärger. Wenn ich mir dessen bewusst bin, kann ich mich entscheiden, was ich damit machen will: ignorieren, nachgeben oder mich hinreißen lassen. Entweder werde ich ärgerlich oder ich gehe los und kaufe, oder es passiert weiter nichts.

In einer anderen Situation, wenn es zum Beispiel um etwas mehr Verborgenes geht, kann die Energie, die in meinem Magenchakra ausgelöst wird, zum Empfindungsleib geleitet werden. Das ist der Fall, wenn ich es nicht spüren will, weil es vielleicht zu bedrohlich ist. Das kann nach und nach zu einer Störung im körperlichen Bereich führen, der mit dem Chakra zusammenhängt. Körperlich kann das bedeuten, dass man zu viel Magensäure produziert, die die Magenwand reizt. Wenn dann die Schutzwirkung des Magenschleims nicht ausreichend wirkt, kann die Magenwand beschädigt werden. Und dann entstehen Magenbeschwerden.

Nun noch einmal zum Thema, dass wir mit unseren Gefühlen wahrnehmen können. Was nehmen wir nun mit dem Gefühl des Ärgers wahr?

Nehmen wir an, mit diesem Gefühl nehmen wir die Kraft wahr, dass wir manipuliert werden. Dass Habgier im Spiel ist, die versucht, unsere Begierde zu wecken. Wenn wir uns dessen bewusst werden, können wir das als Wahrnehmung bezeichnen. Das schafft innere Ordnung.

Was hier beschrieben wurde, spielt sich im Bereich der Seele ab. Im Schulungsweg geht es nicht nur um die Seele, sondern auch um das Entdecken des Geistesgebietes. Damit bekommt unsere Darstellung eine andere Dimension. Rudolf Steiner sagt es so: Hinter allen wirkenden Kräften verbergen sich Wesenheiten, welche diese Kräfte verursachen. Dies sind Wesen einer höheren Ordnung, die sich mit uns Menschen beschäftigen. Sie haben keinen physischen Körper, sondern höhere Wesensglieder, mit denen sie in uns wirken können. Jetzt wird die Wahrnehmung in ein verborgeneres Gebiet vertieft. Um dorthin zu gelangen, versuchen wir, durch das Bild, das oben aufgebaut worden ist, gleichsam hindurchzublicken, um dann vielleicht zu erleben, welches Wesen die Marketing-Spezialisten in ihrem Schaffen inspiriert und versucht, seine Kraft auf sie einwirken zu lassen. Ich erlebe sie als Verführer. Verführer, die versuchen, uns in die Begierde hineinzuziehen und uns unfrei zu machen. Dann erkenne ich, in welchem Ausmaß diese Verführer tätig sind. *Der Verführer als Wesen, wirksam in uns Menschen.* Ich sehe seine Wirksamkeit in der Werbung, auf der Straße im Schaufenster. Ich sehe ihn in den zu reinen Kommerzveranstaltungen verwandelten Festen wie Weihnachten. Kurz andauernde Befriedigung, die immer mehr zu oberflächlichem Genuss führt, der wiederholt werden will.

Wesenheiten einer höheren Ordnung erlebe ich, wenn ich an ein anderes Gefühl denke: das Gefühl der Dankbarkeit. Das geschieht, wenn ich etwas geschenkt bekomme, das mich überrascht, etwas, das ich gern haben wollte, obwohl ich mir dessen gar nicht bewusst war. Jemand hat dies wahrgenommen und es mir geschenkt. Ich freue mich über das, was ich bekommen habe.

Ich kann dem dankbar sein, der es mir geschenkt hat und mir damit zeigt, dass er mich gesehen hat. Ich kann dankbar für das Leben sein, das mir solche Erfahrungen schenkt.

Und was oder wer steht hinter dem Leben? Darin kann ich die geistige Kraft erkennen, die meinen Lebensweg lenkt.

Ich denke, dass Dankbarkeit zunächst eine Energie im Herzchakra ist. Wenn es sich zu einem Gefühl der Dankbarkeit gegenüber dem Menschen vertieft, der mir etwas geschenkt hat, und gegenüber den Wesenheiten, die dahinter stehen, ist das zweite Chakra (um den Nabel) beteiligt. Denn die verschiedenen Chakren reagieren immer aufeinander. Besser gesagt: Sie vibrieren mit der Aktivität des anderen mit.

So entsteht ein Bild der verborgenen Welt des Geistes. Darin sind sowohl verführende Kräfte wie auch helfende Wesen wirksam. Es sind die Wesen, die in anderen Kulturen Götter genannt werden.

Das Verwandeln des Astralleibs könnte so eine Möglichkeit sein, unsere Emotionen weniger zu unterdrücken, und vielmehr wahrzunehmen, wodurch diese Emotionen verursacht worden sind und wie all das mit den Wesenheiten der übersinnlichen Welt zusammenhängt. So wird der Astralleib zum Wahrnehmungsorgan für das selbstbewusste Ich umgewandelt, mit dem es sich langsam in der geistigen Welt orientieren kann. Auf diese Weise wird der Astralleib zum Geistselbst verwandelt.

Dieses Thema befindet sich noch ganz in der Phase der Bewegung und Untersuchung. Mit welchen Gefühlen und Emotionen hängen die verschiedenen Chakren zusammen, und welche Wesensgebiete öffnen sich damit für die bewusste Wahrnehmung?

10 Reinkarnation und Karma

Der Begriff Reinkarnation – wörtlich: »wieder zu Fleisch werden« – deutet auf die Tatsache mehrerer Leben hin, die in einem bestimmten Zusammenhang aufeinander folgen. Karma weist auf die Konsequenzen hin, die von einem Leben weiterwirken auf das folgende Leben. Die Begriffe Reinkarnation und Karma assoziieren wir im Allgemeinen mit östlichen Religionen wie zum Beispiel dem Buddhismus oder dem Hinduismus. Können wir nun aus dem Menschenbild, wie es bis hierher beschrieben wurde, ein neues Bild von Reinkarnation entwickeln, das sich auf das westliche logische Denken gründet, sachlich nachvollziehbar und intellektuell verständlich ist? Helfen die Begriffe dabei, wie wir sie in dem bisher Dargestellten aufgebaut haben? Schauen wir es uns genauer an.

Reinkarnation geht also davon aus, dass mehrere Leben gelebt werden: Leben zu verschiedenen Zeiten und an verschiedenen Orten, in denen es unterschiedliche Kulturen gegeben hat, in denen wir daher auch viele verschiedene Erfahrungen machen konnten. Die aufeinanderfolgenden Kulturepochen haben uns immer wieder neue Möglichkeiten geboten, Qualitäten in uns zu entwickeln, die zuvor noch nicht erlangt werden konnten. So konnten sie uns dabei helfen, unser Menschsein weiterzuentwickeln, als Mensch immer mehr zu reifen. Diesen Weg durch verschiedene Zeiten und Kulturen können wir vergleichen mit dem Weg durch ein einzelnes Leben, wie es in dem Kapitel »Entwicklung im Laufe der Zeit« beschrieben wurde. Dann können wir erkennen, dass auch die Menschheit als Ganzes eine Entwicklung durchgemacht hat.

Karma weist auf die Konsequenzen, die in der Entwicklung mitgenommen werden und in die verschiedenen Schichten der Seele und auch des Körpers einwirken. Denn natürlich hat alles, was wir jetzt tun, Konsequenzen für das, was später folgt. Das erleben wir täglich. Die Konsequenzen dessen, was wir gestern getan haben, finden wir heute wieder vor. Was wir gestern nicht aufgeräumt haben, liegt heute bei uns auf dem Schreibtisch. Und wenn man es weiter fasst, wissen wir auch, dass die Gewalt, die wir beispielsweise als Kind erlebt haben, großen Einfluss auf unsere spätere Befindlichkeit und Lebenseinstellung haben kann.

In den einzelnen Lebensphasen machen wir sehr unterschiedliche Erfahrungen, von denen jede ihre eigene Qualität hat. So kann die Erfahrung, dass wir in der Grundschule drangsaliert wurden, im ganzen weiteren Leben Spuren hinterlassen. Das kann aber ebenfalls der Fall sein, wenn wir selbst es gewesen sind, die andere drangsaliert haben. Diese Art Erfahrungen können in späteren Phasen unseres Lebens Folgen haben. Diese werden geringer oder verschwinden sogar, wenn wir uns innerlich damit auseinandergesetzt oder uns vielleicht bei dem anderen entschuldigt haben, wenn wir also den Hang, andere zu quälen, überwinden oder beispielsweise die Situation mit dem von uns gequälten Kind geklärt haben. In diesem Beispiel vergleiche ich die Lebensphasen vom Säugling zum Schüler, Jugendlichen, Erwachsenen und alten Menschen mit verschiedenen Inkarnationen. Selbstverständlich ist der Unterschied zwischen den einzelnen Leben in nachfolgenden Inkarnationen größer und weitreichender als der Unterschied in den verschiedenen Phasen eines Lebens.

Karma hat in einer solchen Sicht nichts mit Schuld oder Strafe zu tun. Als Menschen befinden wir uns in Entwicklung. Das ist auch der Sinn des Lebens. In einer Entwicklung muss man experimentieren. Dadurch lernen wir, was wirksam ist und was zu uns passt. Und bei all dem sind wir im Leben fortwährend Versuchungen ausgesetzt, die uns von dem ablenken wollen, worauf es ankommt. Das kann dazu führen, dass wir dem Essen und Trinken übermäßig viel Aufmerksamkeit schenken oder einen zu starken Drang nach Besitz und Reichtum haben. Unser Ego kann durch Eitelkeit oder Egoismus ausufern, und wir können Beute unserer Eifersucht oder unserer Rachegefühle werden. All diese Dinge beschädigen auf die eine oder andere Art die Seele, die dadurch etwas von ihrer strahlenden Kraft verliert. Oder wir verstricken uns in unsere Urteile oder Vorurteile, die mehr über uns als über die Sache selbst sagen. All das sind Herausforderungen, und wir können lernen, mit ihnen umzugehen. Ein solches Lernen geht immer Hand in Hand mit Hinfallen und Wieder-Aufstehen – so wie wir als Kinder laufen gelernt haben. Selbstverständlich tun wir Dinge, von denen wir später sagen, dass wir uns damit keine Medaille verdient haben, oder entwickeln Qualitäten, deren Beschränkungen wir später erkennen. Aber in unserem Entwicklungsgang haben all diese Dinge Konsequenzen gehabt, die positiv wie negativ sein können, für uns selbst wie für andere. Und aus der Perspektive des Karmas gehören diese Konsequenzen zu uns. Sie begleiten uns. Und das ist Karma.

Der konkrete Aufbau des Karmas geschieht im Leben nach dem Tod und vor der nächsten Geburt. Was geschieht nun mit den verschiedenen Wesensgliedern nach dem Tod? Was erleben wir in der für unser heutiges Bewusstsein unsichtbaren Periode nach dem Tod und vor dem nächsten Weg in ein neues Leben? Die einzelnen Wesensglieder, wie sie im vorigen Kapitel beschrieben wurden, gehen eine fortwährend wechselnde Verbindung miteinander ein, und nach dem Tod verändert sich das noch einmal grundlegend. Als Vergleich mit dem, was nach dem Tod geschieht, schauen wir uns erst einmal an, was die Wesensglieder während des Schlafes erleben.

Der Schlaf

Was geschieht beispielsweise, wenn wir einschlafen? Wenn jemand einschläft, nehmen wir an ihm wahr, dass seine bewusste Verbindung mit der Welt verschwindet. Er denkt nicht mehr, er handelt nicht mehr, die Emotionen sind verschwunden. Aus dem Gesichtspunkt der Wesensglieder: Die Äußerungen der Seele sind verschwunden. Der Körper liegt wohlbehalten im Bett. Der Ätherleib wird aktiver in seiner Funktion, den physischen Leib aufzubauen, und der Empfindungsleib sinkt gleichsam in die Sphäre des Ätherischen zurück. Die verschiedenen Qualitäten der Seele und der Geist äußern sich nicht, sie brauchen den Körper nicht als Instrument. Was Seele und Geist erleben, während sie nicht im Körper sind, bleibt gewöhnlich für unser heutiges Bewusstsein verborgen. Zwar können wir oft erleben, dass etwas mit ihnen geschehen ist, wenn sie sich am nächsten Morgen beim Aufwachen wieder mit dem Körper verbinden. Wir sind erfrischt und schauen die Dinge mit anderen Augen an. Wir haben Abstand gehabt. Manche lästigen Dinge haben ihre Schärfe verloren, oder wir wachen mit einer neuen Erkenntnis auf. Manchmal nehmen wir ein Bild aus der Nacht mit. Das sind die farbigen Träume, die uns lange begleiten und in denen wir eine Botschaft erleben. Schlaf wirkt in gewisser Weise erfrischend.

Schlaf

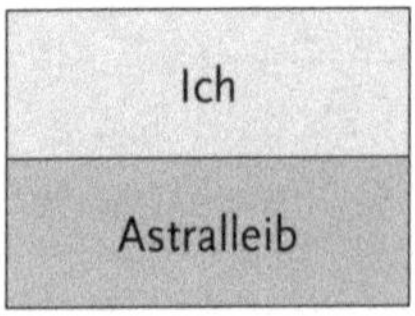

Das Ich und der Astralleib lösen sich vom Ätherleib und dem physischen Leib und machen sich auf den Weg in die übersinnliche Welt.

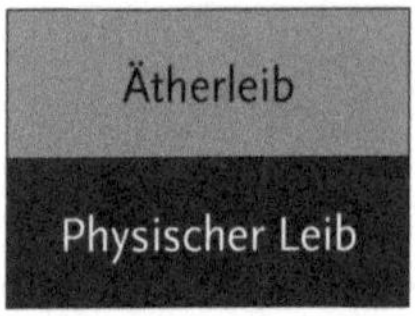

Der Ätherleib und der physische Leib bleiben im Bett zurück.

Der Tod

Was geschieht im Tod? Da geschieht es völlig anderes. Das irdische Dasein wird endgültig aufgehoben. Das Projekt dieses Lebens wird abgerundet. Das Erdenleben hat vieles in uns und für uns verändert. Begonnen haben wir mit einer bestimmten Veranlagung in unserem Körper und in unserer Seele. Die Erlebnisse unseres Lebens haben ihre Eindrücke in allen Wesensgliedern hinterlassen, und so haben wir uns als Mensch weiterentwickelt. Im Positiven wie im Negativen. Bestimmte Erlebnisse haben vielleicht als Trauma ihre Spuren in unsere Seele eingeprägt und dort Wunden geschlagen. Und wenn dieses Trauma lange weitergewirkt hat oder verdrängt worden ist, hat eine solche Wunde auch im Ätherleib einen Abdruck hinterlassen. Wir haben Eigenschaften entwickelt wie soziales Interesse oder Egoismus, wir haben Werte hochgehalten oder haben sie, im Gegenteil, verloren. Nach dem Sterben ist dies unser Gepäck des Lebens, das wir in unsere nun folgende Existenz im Bereich des Todes mitnehmen.

Im Tod löst der Ätherleib seine Verbindung mit dem physischen Leib. Der physische Leib verliert damit seinen Antrieb aus den Lebensprozessen, die biochemischen Prozesse kommen zum Stillstand. Der physische Leib verliert nun die Bewohner dieses Lebens. Es wird Platz für andere Bewohner: die Bakterien und Pilze, die den Körper zu ihrer Nahrungsquelle machen und ihn so nach und nach zerlegen.

Und was könnte jetzt im nicht sichtbaren übersinnlichen Gebiet geschehen? Die Funktion des Ätherleibes bestand darin, den physischen Leib aufzubauen und ihn zu einem Instrument für Seele und Geist zu machen. Diese Aufgabe ist jetzt beendet. Der Ätherleib löst sich in die kosmische Äthersphäre auf. Jedoch nehmen wir einen Teil des alten Ätherleibes mit uns, eine Art Extrakt dessen, was persönlich zu uns gehört und was bis in ein nächstes Dasein weiterwirkt. Es besteht ein Unterschied zwischen einerseits dem Ätherleib, insofern er allgemeinmenschlich ist und dafür sorgt, dass wir eine deutlich erkennbare menschliche Form haben, bei der alle Organe an ihrem richtigen Platz sitzen, und andererseits dem persönlichen Teil des Ätherleibs. Dieser bewirkt, dass wir unseren spezifischen Körper haben, mit seinen eigenen Formen und seiner eigenen Veranlagung für Krankheit und Gesundheit.

Der Empfindungsleib wird als ein eigener Teil des Ätherleibs beschrieben, der dazu dient, die Seele zu tragen. Die Kräfte des Empfindungsleibs lösen sich teilweise beim Auflösen des Ätherleibs auf. Das gilt für die Prozesse, die den Grundton für das Allgemeinmenschliche bilden. Zum anderen Teil aber bleiben sie mit dem Extrakt des persönlichen Ätherleibs verbunden, sofern es dessen Einseitigkeiten sind, die wir durch unsere eigene Art zu leben entwickelt haben. Der Teil wandert mit auf dem Weg, den Seele und Geist nach dem Tod durch Seelen- und Geisteswelt gehen.

Tod

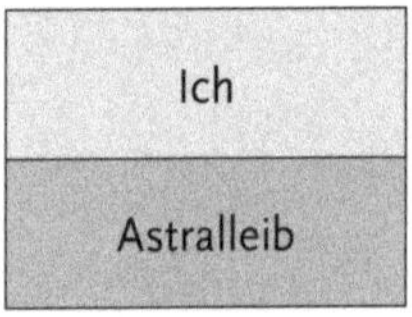

Das Ich und der Astralleib wandern endgültig in die Welt des Geistes.

Der Ätherleib löst sich in den kosmischen Äther auf.

Der physische Leib zerfällt.

Nun, da Seele und Geist ihre Verbindung mit dem physischen Körper verloren haben, können sie nur noch in der Seelen- und Geisteswelt leben. Als Mensch leben wir während unseres irdischen Lebens in den drei Welten, der physischen, der Seelenwelt und der Geisteswelt. Die Welt des Stoffes wurde jetzt verlassen. Ich stelle mir vor, dass das Seelen- und Geistwesen zum Ursprung seines Daseins in die geistige Welt zurückkehrt.

Stellen wir uns einmal ein Geistgebiet vor, in dem es nur Liebe und Weisheit gibt. Dort leben die geistigen Wesen, von denen die ganze Schöpfung ausgegangen ist. Diese Wesen bestehen ganz und gar aus Liebe und Weisheit. Und alles, was auf der Erde ursprünglich existiert hat, ist aus dieser Weisheit und Liebe entstanden. Diese Wesen erwarten uns dort und sind gespannt darauf, was wir ihnen über die Erlebnisse im irdischen Dasein erzählen können. Dieses Gebiet der Weisheit und Liebe ist auf mancherlei Art auch hier bereits zu erkennen. Nur ist es dort, wohin wir nach dem Tod kommen, grandioser. Einen kleinen Eindruck davon bekommen wir von Menschen mit einer Nahtoderfahrung oder einer Engel- oder Christuserfahrung. Sie beschreiben diese als sehr tiefe Erfahrungen, die ihr Leben grundlegend verändern. Etwas bescheidener: Es ist das Gebiet, nach dem viele Menschen sich bewusst oder unbewusst sehnen. Es ist von dem geprägt, was wir einander zum neuen Jahr wünschen: Frieden, Glück, Weisheit, Liebe. Dieses Gebiet wird in der anthroposophischen Terminologie das Gebiet der Sonne genannt, die Sonnensphäre.

Wie mag der Weg in dieses Gebiet aussehen? Aus dem Bisherigen ersehen wir schon, dass wir nicht alles mitnehmen können von dem Menschen, den wir während des Lebens aus uns gemacht haben. Denn der Mensch, zu dem wir uns während unseres irdischen Daseins entwickelt haben – teils aus uns selbst heraus, teils durch die Umstände, denen wir ausgesetzt waren –, besteht aus zwei unterschiedlichen Teilen. Der eine Teil ist das, was aus Moral und Liebe entstanden ist – Liebe zu allem, was da ist: die Erde, die Natur, die Menschen um uns herum, alle anderen Menschen auf der Welt, die Welt der Spiritualität. Doch auch Liebe zu uns selbst als ein Mensch, der in Entwicklung ist. All diese Liebe hat uns zu einem sonnigen Menschen gemacht, der sich mit seiner Umgebung verbunden fühlte und respektvoll mit ihr umging. Alles wurde geachtet. Und durch eine solche Weisheit waren wir fähig, in unser Denken das liebevolle Gefühl aufzunehmen und

Bilder entstehen zu lassen, die alles uns Erkennbare mit einbezogen haben, wo es keine Teilwahrheiten gab, die andere Teile der Wahrheit ausgeschlossen hätten. Keine Vorurteile, sondern eine offene, interessierte Haltung.

Der andere Teil besteht aus festen Verhaltensmustern, die dann entstanden sind, wenn wir uns noch nicht liebevoll oder weisheitsvoll verhielten. Wenn wir egoistisch waren oder aus purer Gewohnheit selbstsüchtig handelten, indem wir beispielsweise Dinge gekauft haben, die bei einigem Nachdenken nur deshalb so billig sein konnten, weil weite Teile der Produktionskette nicht zu ihrem Recht gekommen sind. Oder indem wir uns zu etwas hinreißen ließen, das nur kurzfristig Befriedigung brachte, wie etwa der Genuss von Süßigkeiten – wohlwissend, dass wir das eigentlich nicht wollten.

Alles, was nichts mit Weisheit und Liebe zu tun hat, werden wir auf dem Weg zum Gebiet der Sonne zurücklassen müssen. Das ist ein ganzer Reinigungsprozess, der zunächst einmal die Elemente betrifft, die in unserer Empfindungsseele gelebt haben.

Was kann beispielsweise nicht mitgenommen werden? Das sind vor allem die Dinge, die uns stark an die Erde gebunden haben und für die wir daher irdische Produkte brauchten. Nach dem Tod gibt es keine Zigaretten und keinen Alkohol, und auch Sex ist nicht mehr möglich, weil der physische Leib nicht mehr vorhanden ist. Diese Bedürfnisse der Seele können also nicht mehr befriedigt werden, und es tritt so etwas wie kalter Entzug ein. Wir suchten solche Gewohnheiten oft aus einem Gefühl des Verlustes oder der Unzufriedenheit, haben dann allerdings nur vorübergehende Befriedigung gefunden. Darin waren wir unfrei. Frei sind wir im Umgang mit Gewohnheiten dieser Art, wenn wir sie genießen können, aber nicht abhängig sind. Dann entsteht etwas wie ein freies Genießen in der Seele, und das ist gesund. Nach dem Tod also gibt es keine Möglichkeit mehr, sich zu betäuben, und mit diesem inneren Verlust werden wir jetzt konfrontiert.

Menschenkundlich können wir sagen, dass sich hier die Empfindungsseele zu stark mit dem Empfindungsleib verbunden hatte, der seinerseits zu sehr ans Physische gekettet war.

Danach treffen wir auf Eigenschaften, die wir in unserem Erdenleben entwickelt haben, weil sie uns Sicherheit und Halt geben konnten, dabei aber unser Wesen eigentlich nur verschleiert haben. Es sind Eigenschaften, die mit Macht zusammenhängen, oder damit, schön oder stark sein zu wollen oder es auf eine gute Karriere anzulegen und viel Geld zu verdienen. Dabei haben wir vergessen, um was es uns in Wahrheit ging. Im äußerlich irdischen Sinne hat sich das oft gelohnt, wenn auch häufig nur vorübergehend. Dennoch haben sie uns in gewisser Weise Halt und Sicherheit gegeben. Auch diese Eigenschaften lenkten unsere Aufmerksamkeit aufs Irdische und sorgten teilweise für eine Distanz zu den Qualitäten, die mit Weisheit und Liebe verbunden sind. Auch diese Eigenschaften müssen als Scheinformen vor allem der Empfindungsseele zurückgelassen werden. Sie bilden dann eine Art von Leichen in der Seelenwelt, wie der physische Leib als Leiche in der physischen Welt zurückgeblieben ist – mit dem Unterschied, dass der physische Körper vergeht, diese »Seelenleichen« dies aber nicht tun. Sie existieren weiter und bleiben in gewissem Sinne mit uns verbunden. Moralisch gesehen liegen sie in unserer Verantwortung.

Unser Seelen- und Geistwesen, das seinen Weg weitergeht, bekommt auf die Weise Löcher – Löcher in der Seele, in denen sich die zuvor genannten Eigenschaften befanden.

Von solchen Eigenschaften wollen wir uns oft auch schon während unseres Lebens auf der Erde lösen. Häufig aus dem Bedürfnis heraus, uns als Mensch weiterzuentwickeln, einen besseren Menschen aus uns zu machen. Irgendwo in unserem Inneren haben wir mehr oder weniger bewusst ein Bild davon, wie wir als Mensch sein könnten. Und dieses Bild treibt uns an, uns selbst weiterzuentwickeln oder jemand zu werden, der aktiv und aus Idealen heraus in der Welt tätig ist. Hier auf der Erde können wir eine solche Entwicklung (mit ihren Höhen und Tiefen) aus innerer Freiheit in Angriff nehmen. Dann entsteht etwas Neues in der Seele: innere Freiheit, Schaffensdrang und Engagement. Nach dem Tod begeben wir uns auf einen Weg, auf dem wir die Freiheit nicht haben und solche neuen geistigen Qualitäten nicht entstehen.

Aus unserem Erdenleben nehmen wir natürlich auch schöne Dinge mit. Das sind die Talente, die wir erworben haben. Und je mehr wir uns dafür anstrengen mussten, umso kraftvoller ist dieses Talent jetzt in uns vorhanden. Das sind die inneren Sonnen, die wir für uns erworben haben. Sie strahlen in der Seelenwelt, in der wir jetzt sind. Und je mehr andere Elementen abgeworfen sind, desto mehr kann das Strahlen wirken. Wir werden nach und nach als Mensch mit Sonnenqualitäten sichtbar, auch wenn Löcher darin sind. Das ist die göttliche Gestalt des Menschen, der sich durch alle Inkarnationen stets weiterentwickeln kann.

In wiederum einer nächsten Phase auf dem Weg zur Sonnenwelt der Weisheit und Liebe werden die Gewohnheiten losgelassen, mit denen wir die Leere gefüllt haben – Leere, der wir uns ausgesetzt sehen, wenn wir unser Leben selbst gestalten müssen und nicht recht wissen, wie wir die Leere oder Stille füllen sollen. Dann bietet uns das Leben diverse Möglichkeiten, um diese Leere oder Stille zu vermeiden. Der Gebrauch sozialer Medien kann ein Beispiel dafür sein. In solch drohender Leere, die Eigeninitiative von uns erfordert, können wir unsere Emails checken (obwohl wir das gerade eben schon gemacht haben), einmal kurz facebooken, ein Spiel auf dem Computer zocken. Oder auch ein Kreuzworträtsel aus der Zeitung lösen, oder Sudokus ... Und damit verschenken wir Zeit. Wenn wir in der Welt des Todes sind, gibt es keine Sudokus, kein Facebook mehr, und schmerzhaft begegnen wir der bisher sorgfältig vermiedenen Leere.

So lassen wir auf dem Weg zur Quelle eine ganze Menge Leichen zurück. Wir können das wie eine Art von Mänteln betrachten, die wir nach und nach ausziehen. Sie bleiben in einem Teil der Seelen- und Geisteswelt zurück, während wir selbst als Seelen- und Geistwesen immer eigener, nackter in ein nächstes Gebiet weitergehen.

Noch einmal später löst man sich von allen Eigenschaften, die darauf gerichtet waren, uns positiv in der Welt zu betätigen, Menschen zu helfen, uns um vielerlei Dinge zu kümmern. Es geht dabei um positive Verbindungen mit der irdischen Welt. Aber auch dies können wir nicht mitnehmen, wenn wir uns wirklich nur auf die geistige Welt richten wollen.

Im Leben nach dem Tod begegnen wir auch den Beziehungen, die wir mit anderen Menschen eingegangen sind. Wie haben diese Beziehungen ausgesehen? Standen sie im Zeichen einer wirklich wesentlichen Begegnung? Begegnungen, bei denen wir uns gegenseitig ergänzten und in denen Respekt und Akzeptanz herrschten? Es stellt sich die Frage: Bei welchen Begegnungen wurden wir dem anderen nicht gerecht oder haben ihn sogar missbraucht? Auch hier scheidet sich der sonnige Teil der Beziehungen, die mitgenommen werden können, von denen, die eher unfrei oder lieblos waren.

Wir haben es hier also mit einem sehr intensiven Reinigungsprozess zu tun. Übrig bleibt der Sonnenmensch in der Seele, den wir durch alles, was wir während des Lebens in unserem Suchen nach Weisheit an Moralität und Liebe entwickelt haben. Das nehmen wir mit in die Welt des Geistes. Aus dem Gebiet der Weisheit und Liebe blicken wir zurück auf das beendete Projekt »Erden-Entwicklung«.

Und nun befinden wir uns in der Sphäre der Sonne. Unendliche Ruhe und Wärme. Wesen der Sonne empfangen uns und umhüllen uns liebevoll. Kein Urteilen, nur Respekt vor uns als Mensch, der den Weg über die Erde gegangen ist, umgibt uns; gespannt auf das, was wir gelernt haben, wie unser Erdenleben gewesen ist. Sie haben Respekt vor uns Menschen, weil sie sehen, wie wir geistig blind und taub und halb lahm durchs irdische Leben gehen – und dennoch zuweilen in Freiheit brillante Dinge zustande bringen! Hier kommen wir zur Ruhe!

Hier begegnen wir nach einiger Zeit dem Urbild des Menschen, wie er in der Zukunft sein könnte. Wie *wir* in der Zukunft sein könnten: ein freier und liebevoller Mensch, sozial eingebettet. Mit vielerlei Möglichkeiten, von denen wir jetzt noch nichts ahnen. Das weckt in uns eine unbestimmte Sehnsucht, so werden zu können.

Im Vergleich dazu sind wir durch alles, was wir zurückgelassen haben, sozusagen ein Löcherkäse. Die Stellen, an denen die Löcher sind, können wir in der Zukunft mit strahlenden Qualitäten füllen, wodurch wir als Ganzes ein strahlender Lichtmensch werden. Wir sehen auch, wie der Mensch in Zukunft neue Dinge entwickeln kann, von denen wir in diesem Leben kaum eine Vorstellung haben. Wir können es vergleichen mit dem, wie wir heutzutage sind und denken, und wie dies vor Jahrhunderten möglich gewesen ist. Da sind in der Entwicklung auch deutliche Fortschritte zu verzeichnen.

Wenn wir uns meditativ in diesen Zustand hineinversetzen, indem wir versuchen, ein Bild des Lebens aus der Perspektive der geistigen Welt aufzubauen, in der wir uns nun befinden, dann ist das Erdenleben tatsächlich ein Projekt mit einem Anfang und einem Ende. Der Anfang liegt hier, in der geistigen Welt. Dort machen wir unsere Pläne für das Projekt. Dann legen wir den Weg zur Erde zurück: Geburt, Erwachsen-Werden, uns selbst entwickeln und der Erde dienen, sterben, und dann wieder den Weg zurück in dieses Gebiet beschreiten. Es ist doch spannend, wie durch den Perspektivwechsel ein anderes Bild entstehen kann!

In dieser kosmischen Situation können unterschiedliche Gefühle in uns entstehen: wissen wollen, wie aus der geistigen Perspektive unsere Entwicklung weitergehen kann. Bedauern über das, was uns nicht gelungen ist. Lust, an manchem weiterzuarbeiten, was liegen geblieben ist. Engagement für andere Menschen, mit denen man etwas erlebt hat, um die Beziehung zu ihnen weiterzuentwickeln zu einer liebevollen und einander stimulierenden Beziehung.

Ebenso, wie wir uns im Erdenleben nach einem aufregenden Erlebnis ein weiteres Erlebnis erhoffen, geschieht es auch hier im kosmischen Sinne. Und dies alles ist Karma.

Ein Bild der aufeinanderfolgenden Erdenleben mit ebenfalls aufeinanderfolgenden Motiven erkenne ich im Kleinen in der Biografie Edmund Hillarys. Hillary war ein begeisterter Bergsteiger. Dies brachte ihn zu einer Expedition nach Nepal zur Ersteigung des Mount Everest. Gemeinsam mit Tenzing Norgay, der dem Volk der Sherpa angehörte, war er der Erste, der den Gipfel des

Berges erreichte. Die Expedition war gefährlich; Schnee, Eis, Wind, die Unbekanntheit des Gebiets konnten zu lebensgefährlichen Situationen führen. Trotz der Gefahr wiederholte er seine Expeditionen nach Nepal. Er suchte die Erfahrung und lernte immer mehr dazu.

Später unternahm er wiederholt Expeditionen zum Südpol; immer wieder mit Gefahr für das eigene Leben, aber innerlich stärker durch die Erfahrungen der vorangehenden Unternehmungen.

Als er älter wurde, wandelte er seine Erfahrungen um und gründete in Nepal, das er so genau kennengelernt hatte, ein Krankenhaus und mehrere Schulen. Hier kam schenkende Liebe zu ihrem Recht.

Danach folgt die Phase der Pläne. Welche Ziele setzen wir uns für die folgende Inkarnation? Ein erstes Ziel gilt der Frage, was wir zur Entwicklung der Erde beitragen wollen. Welche Ideale nehmen wir mit? Welche Werte werden uns leiten? Mit anderen Worten: Welche Qualitäten der Sonne nehmen wir mit als Quelle für unsere eigenen Sonnenqualitäten? Das sind die Keime der Talente, die wir im nächsten Leben erwerben wollen. Diese Ideale können bedeuten, dass wir Erkenntnisse gewinnen oder eine bestimmte Stimmung in der Welt schaffen wollen. Oder wir wollen Produkte entwerfen, die anderen Menschen helfen.

Wir blicken auf die Unvollkommenheiten in uns, und daraus können bestimmte Vorsätze entstehen, Themen in unserer persönlichen Entwicklung anzupacken. Für viele Menschen von heute ist es zum Beispiel so, dass sie für sich selbst einstehen, sich als Individuum zeigen wollen. Mutige Schritte, um Unsicherheit zu überwinden und als Individuum sichtbar zu werden, statt sich über eine bestimmte Rolle zu definieren. Solche Vorsätze passen in die heutige Zeit, in der es um die Entwicklung der Bewusstseinsseele geht.

Die Konsequenz einer solchen Absicht kann auch sein, dass wir Widerstände einplanen, die überwunden werden müssen, damit wir hervorzutreten wagen. Vielleicht werden wir in eine Familie geboren, die uns gerade nicht dazu auffordert, sondern Widerstände aufbaut. Und das kann aus unserer Perspektive gerade förderlich sein. In einer späteren Lebensphase wird uns dann klar, wie Geschehnisse in der Vergangenheit abgelaufen sind und welchen Einfluss sie auf unser Leben gehabt haben. Und dann kann der Impuls entstehen, aus eigener Kraft zu entwickeln, was wir vermisst haben.

Auch Vorsätze, in denen es um andere Menschen geht, haben hier ihren Platz. Welchen Menschen will ich wann begegnen? Mit wem will ich meine Kindheit und Jugend verbringen, und was möchte ich von ihnen, was sollen sie zu meiner Entwicklung beitragen? Mit wem will ich zusammenarbeiten, um Ideale zu verwirklichen? Mit wem muss eine alte Wunde umgewandelt werden, und welche Beziehung passt dazu?

Das nächste Leben

So beginnt allmählich der Weg zurück. Dabei tritt eine sukzessive Verdichtung auf. Während wir in der Sonnensphäre die große Ruhe und Verbundenheit erleben konnten, findet jetzt in der Seele wieder eine Verengung statt. Wir gehen den Weg durch die Seelenwelt zurück und nehmen die »Leichen«, die wir dort zurückgelassen haben, wieder in uns auf. Denn sie gehören ja uns!

Nach und nach bildet sich die Konstellation des nächsten Erdenlebens. Die Familienzusammenhänge kristallisieren sich heraus. Zuerst verlassen die Großeltern die Seelen- und Geisteswelt, um ihr Erdenleben zu beginnen, später die Eltern. So bereitet sich die Erblichkeit vor, in der wir später leben werden. Und dann kommt der Moment, an dem wir geboren werden.

In uns liegen die Keime für die Zukunft. Sie liegen im Unbewussten; sie werden nach und nach von unseren alltäglichen Erfahrungen verdeckt. Doch vom Unbewussten aus sind sie an der Lenkung unseres Lebenslaufs beteiligt. Und durch das, was wir dann erleben, werden die Keime geweckt. Das Karma beginnt zu wirken.

Und wo ist nun unsere Freiheit? Die Freiheit liegt nicht in dem, was wir erleben werden. Die Freiheit liegt vielmehr darin, wie wir mit dem umgehen wollen, was uns auf unserem Wege entgegenkommt. Es gibt immer eine Entscheidung, ob wir das, was uns begegnet, ergreifen können, oder ob wir uns als Opfer fühlen.

Im Sanskrit bedeutet das Wort Karma: *Tun, was vor dir auf deinem Weg liegt.*

Die Blaupause unseres Körpers, die wir im vorigen Leben haben entstehen lassen, wird von der ersten Erbanlage an unsere Zukunft bilden. Die Blaupause besteht also zu einem Teil aus den kosmischen Ätherkräften, die uns zu einem Menschen im Allgemeinen machen. Und dann aus dem Extrakt dessen, was wir aus dem vorigen Leben mitgebracht haben und was uns zu einem Individuum macht. Und schließlich gibt es noch die Erblichkeit, die wir von Vater und Mutter mitbekommen haben. Je einseitiger die Seele gewesen ist, desto einseitiger ist auch die Blaupause geworden. Das wirkt sich dann auf den Bau des Körpers aus und darauf, wie sich die Organe bilden. So wird das eine Organ in dem einen Leben mehr Vitalität bekommen haben als das andere; in einem nächsten Leben wird dieses Organ von Anfang an weniger kräftig und empfänglicher für Krankheiten sein. Somit spiegelt uns der Körper gewissermaßen den Menschen, der wir in einer vorigen Inkarnation gewesen sind.

So werden wir in diesem Leben verschiedenen Aspekten unseres vorigen Lebens begegnen:

1. In der Begegnung mit anderen Menschen treffen wir auf Elemente, die wir in einem vorigen Leben in unserem eigenen und in dem Astralleib des jeweils anderen gebildet haben.
2. In unseren Krankheiten begegnen wir dem, was unser Körper in einem vorigen Dasein am Leben unserer Seele erlebt hat.
3. In der Begegnung mit unserem Temperament und unserer Konstitution treffen wir auf das, was wir in einem vorigen Leben an einseitigen Verhaltensqualitäten entwickelt haben.
4. In unseren Idealen begegnen wir den schöpferischen Impulsen, die wir im Leben nach dem Tod erworben haben.

Eine Frage, die man oft hört, wenn über Reinkarnation gesprochen wird, lautet: Wie lange dauert die Periode zwischen zwei Leben? Die Frage ist nicht so leicht zu beantworten, da es dazu unterschiedliche Vorstellungen gibt. Da gibt es zum Beispiel das Bild, dass wir uns sofort nach dem Tod oder zumindest sehr bald danach in einer nächsten Inkarnation wiederfinden. So erfuhr ich aus einer Dokumentation zum Thema Sterben, dass nach einer tibetischen Tradition der Tod eines Menschen in den ersten vierzig Tagen intensiv betrauert wurde. Danach endete die Trauerperiode, da, wie es hieß, die Seele des Verstorbenen wieder in einem neuen Körper inkarniert sein sollte.

Auch las ich, dass in indischen Überlieferungen häufig von Kindern berichtet wird, die sich an ihre Inkarnation erinnerten, die gerade kurze Zeit zuvor geendet hatte. Sie konnten den Ort, an dem sie gelebt hatten, und auch ihre Familie wiederfinden, die noch immer als Familie existierte. Und sie wussten Dinge, die nur jemand aus der Familie wissen konnte.

In der anthroposophischen Tradition beschreibt Rudolf Steiner, wie eine Seele erst nach 800 oder 1000 Jahren in einen Erdenleib zurückkehrt. Dann hat sich auf der Erde so viel verändert, dass nichts mehr von seiner vorigen Inkarnation zu finden ist und er daher ganz neu anfangen kann. In der völlig anderen kulturellen Situation, die er nun vorfindet, erwarten ihn ganz neue Herausforderungen.

Allerdings sagt Rudolf Steiner auch, dass sich heutzutage die Karmagesetze in dieser Hinsicht verändert haben, weil so sehr viel in kurzer Zeit geschieht. Die Entwicklungen verlaufen so schnell und intensiv, dass es für viele Seelen wichtig sein kann, diese Zeit in ihrer Entwicklung mitzuerleben.

Man kann über diese Unterschiede diskutieren. Doch wird diese Frage erst dann wirklich geklärt werden, wenn unsere Seelensinnesorgane so weit entwickelt sind, dass wir den Weg der Seele nach dem Tod unmittelbar wahrnehmen können.

Und dann stellt sich die Warum-Frage, die bei solchen Vorstellungen immer auftaucht: Warum überhaupt? Wozu dient der ganze Weg, und welches Ziel hat dieser Weg durch die Inkarnationen? Und was ist das eigentliche Ziel der Entwicklung?

Was letztlich entstehen kann, ist ein Menschenwesen, das in Freiheit Liebe entwickelt hat, in Freiheit weise geworden ist, Weisheit erworben hat. Weisheit bezüglich der Welt auf der Erde, Weisheit bezüglich der geistigen Welt. Ein Mensch, der aus Freiheit liebevoll schenken kann – seinen Mitmenschen und auch den schöpferischen Wesen des Geistes.

Wenn der Mensch das in Freiheit lernen will, muss er zuerst alles vergessen, was ihm an Weisheit und Liebe geschenkt worden ist. Indem er Misserfolge und Irrtümer erlebt und indem er durch Herumirren den Weg zurück finden kann, wird er fähig, immer mehr Lebenserfahrung zu sammeln. Die Weisheit, die er erlangt, indem er durch Hinfallen und Wieder-Aufstehen Erfahrungen sammelt, die ihn liebevoller und weiser machen, diese Weisheit gehört ihm selbst. Er hat die Weisheit aus eigener Kraft neu erschaffen.

Diesen Prozess können wir in den Bildern der Bibel wiedererkennen. Der Mensch wurde von Gott erschaffen und erhielt in der göttlichen Sphäre des Paradieses seine Wohnung. Nach dem Sündenfall verlor er seine unmittelbare Verbindung zum Göttlichen, und es kam immer wieder zum Kampf mit den Wesen der Verführung. Schließlich verliert er die gesamte geistige Verbindung. Im Neuen Testament wird beschrieben, wie er herausgefordert wird, sich in Freiheit zu Liebe und Weisheit zu entwickeln. Das ist das Bild des Christus.

Auch die griechische Mythologie beschreibt eine Schöpfung durch die Götter. Zuerst lebte der Mensch in einer Sphäre der engen Verbindung mit den Göttern. Die Zeit wurde das Goldene Zeitalter genannt. Die Menschen lebten in großer Ruhe. Es gab keine Krankheiten, und die Pflanzen wuchsen von selbst. Dann folgte ein Kampf, und der Mensch fiel aus der unmittelbaren goldenen Sphäre: Es folgte das Silberne Zeitalter. Danach folgte das Kupferne Zeitalter, danach das Eiserne Zeitalter, und die Verbindung zu den Göttern ging verloren.

Der ganze Weg ist ein Weg des Anfangens in Verbindung und Hingabe, dann folgt der Verlust dieser Verbindung und schließlich wird dieser Weg zur Verbindung wiedergefunden.

Ich erkenne dieses Bild auch in Märchen: Zuerst ist da der Prinz. Er ist glücklich und verbunden mit seinen Eltern. Dann wird er erwachsen und hört von der Prinzessin. Ohne sie kann er nicht leben, und er will sie heiraten. Er begibt sich auf den mit den verschiedensten Gefahren verbundenen Weg. Am Ende besteht er alle Prüfungen und heiratet sie. Und sie lebten noch lange und glücklich ...

Ich sehe den Prinzen als Bild der irdischen Seele. Die Prinzessin sehe ich als das mehr kosmische Glied der Seele, ohne das er, wie er meint, nicht der Mensch wird, der er sein könnte. Der Weg der Entwicklung dieser höheren Seele geht durch viele Gefahren, und am Ende findet er sie. Dann lebt er noch lange und glücklich. Das bedeutet nicht, dass sein Leben dann einfach und ohne Krankheit und Dramatik sein wird, aber er bewältigt es.

11 Innerer Schulungsweg

Wir haben jetzt ein Bild entwickelt, das uns zeigt, wie der Mensch in seinen Wesensgliedern zusammengesetzt ist und wie man diese Wesensglieder aus der Perspektive der Aura betrachten kann. Daran anschließend haben wir den Weg des Menschen nach dem Tod beschrieben und dargestellt, wie er sein neues Leben im Sinne des Karmas vorbereitet.

Jetzt können wir uns die Frage stellen, wie wir diese Dinge unmittelbar wahrnehmen können. Können wir das Seelen- und Geistwesen unmittelbar auch ohne unsere Augen wahrnehmen? Und welche Wahrnehmungsorgane brauchen wir, um im übersinnlichen Gebiet wahrzunehmen? Wir brauchen neue Fähigkeiten, neue Sinnesorgane, die ihren Platz nicht im physischen Leib, sondern im Astralleib haben. Rudolf Steiner beschreibt in seinem Buch *Wie erlangt man Erkenntnisse der höheren Welten?*, wie wir einen meditativen Entwicklungsweg gehen können, um solche Organe auszubilden. Davon handelt das nun Folgende.

Wie sieht dieser Weg aus? Es ist ein Entwicklungsweg, der uns von unserem Körper und dem Einfluss des täglichen Lebens mit all seinen Eindrücken allmählich etwas löst. Der Einfluss der Empfindungsseele wird verringert, und den höheren Seelen wird mehr Raum gegeben. Dadurch öffnen wir unser Bewusstsein für das Geistige, das den ganzen Tag über als bildende Kraft hinter den sichtbaren Ereignissen um uns herum beteiligt ist. Das Ziel ist es, zu lernen, die Welt in vollem Bewusstsein und nicht mit abgedämpftem Bewusstsein oder in Trance zu betreten.

In diesem Schulungsweg durchschreiten wir unterschiedliche Bereiche. Wir können sie als Phasen auf dem Weg sehen. Diese Phasen müssen nicht unbedingt nacheinander erlebt werden, doch verlangt jede eine bestimmte Aufmerksamkeit und Sorgsamkeit. Wir können drei Phasen unterscheiden:

1. die Voraussetzungen,
2. die Vorbereitung und
3. die eigentliche Meditation.

Die Voraussetzungen haben unter anderem etwas mit unserer Gesundheit zu tun, die Vorbereitung damit, Gleichgewicht in unsere Seele zu bringen und Kraft zu entwickeln, dieses Gleichgewicht auch in Stresssituationen zu erhalten, und dann gibt es schließlich die eigentlichen meditativen Übungen, um die Sinnesorgane für das Geistige auszubilden.

Der Weg besteht aus drei Elementen: Studium, Übungen praktizieren und sich Prüfungen aussetzen, in denen wir lernen, die Theorie auch in der täglichen Praxis anzuwenden.

Das Studium

Studieren bedeutet, sich einen Überblick über die begrifflichen Hintergründe zu verschaffen. Wir lesen Bücher über Spiritualität und Beschreibungen der geistigen Welt. Wir können Vorträge besuchen, wir sprechen mit anderen Teilnehmern einer Studiengruppe über unsere Vorstellungen, oder wir versuchen bereits übend, Situationen unseres Lebens aus einer geistigen Perspektive zu betrachten. Studieren hilft uns, einen Begriffskanon zu entwickeln, von dem aus wir die Gesetzmäßigkeiten des Geistigen erkennen können. Wir können es als eine Art Reiseführer betrachten, den wir lesen, bevor wir in ein unbekanntes Land reisen. Dann machen wir uns ein Bild dessen, wohin wir gehen wollen. Solche Bilder stimmen oft nicht, doch sie helfen uns beim Wiedererkennen dessen, was wir dort sehen.

Die Voraussetzungen

Wenn wir einen meditativen Weg gehen wollen, der in die geistige Welt führt, brauchen wir Ätherkräfte, um die neuen Organe auszubilden. Diese Ätherkräfte entziehen wir dem Körper. Der Körper muss sie allerdings entbehren können, und das kann er nicht, wenn er akut krank ist. Dann braucht er diese Kräfte, um die Krankheit zu bekämpfen und die Schädigungen zu beheben. Bei einer chronischen Krankheit ist das anders: Da kann die Meditation gerade eine günstige Wirkung auf die Ätherkräfte haben.

Wichtig ist es, dass wir uns aufmerksam in der Welt umschauen und sie in ihren verschiedenen Erscheinungsformen kennenlernen. Das wirkt sich bereichernd auf den Inhalt des Meditativen aus. Hilfreich ist es auch, Interesse an der Welt zu entwickeln und damit unserer Gefühlsverbindung mit dem Leben mehr Inhalt zu geben. Kunst, Natur, Menschen – alles, was eine innere Reaktion hervorruft, hilft dabei, eine reiche Seele zu schaffen, sodass viele Gefühle vorhanden sind, die zum Wahrnehmungsorgan umgewandelt werden können.

Auch ein bestimmtes Maß an Unbefangenheit gehört dazu. Wir gehen einen Weg, der neu für uns ist, in gewissem Sinne ist es auch ein Abenteuer. Diesen Weg gehen wir nicht allein: Die

Wesen der geistigen Welt fühlen sich mit uns verbunden und arbeiten mit uns. Deshalb sollte wir uns bei allem, was uns widerfährt, auch die Frage stellen, ob diese Wesen unsere jeweiligen Erfahrungen als wichtig erachten, sei es jetzt in diesem Moment oder für einen späteren Augenblick. So können sie uns dabei helfen, unseren Weg zu gehen.

Innere Ruhe

Die nun folgende Phase des Schulungsweges besteht darin, Übungen zu verrichten, um innere Ruhe zu erwerben und zu erkennen, wie wir innerlich aufgebaut sind. Anders ausgedrückt: Wir müssen die Verstandes- oder Gemütsseele mehr von der Empfindungsseele lösen.

Eine Übung, die uns dabei hilft, Gleichgewicht in die Seele zu bringen, ist das Zurückschauen. Eine solche Rückschau kann sich beispielsweise auf den vergangenen Tag richten. Dann blicken wir abends auf den Tag zurück, auf das, was wir getan und erlebt haben. Dabei schauen wir nach außen und auch nach innen, wir schauen auf die Tatsachen und die damit verbundenen inneren Erlebnisse. Je nach der eigenen Veranlagung kann jemand, der sehr gefühlsmäßig eingestellt ist, mehr auf die Fakten blicken, die hinter den Erlebnissen liegen, und jemand, dem eher das Faktische wichtig ist, mehr auf das innere Erleben, damit die beiden Elemente im Gleichgewicht sind. Wir blicken in großen Zügen in rückwärtiger Reihenfolge: Zuerst kommt der Abend, dann der Nachmittag, der Mittag, der Morgen und am Schluss das Aufstehen. So verbinden wir die vor uns liegende Nacht mit der vorigen. Diese umgekehrte Reihenfolge erhöht die Konzentration, und wir lernen zu sehen, wie eine Folge aus einer Ursache entstanden ist. Wir betrachten alles aus einer inneren Haltung des

Wohlwollens und des Respekts, ohne zu vertuschen, was doch erkannt werden muss.

Wir können aber auch auf ein länger zurückliegendes Ereignis blicken oder auf einen Augenblick, an dem wir in Verwirrung geraten waren. Diese Übung habe ich im ersten Kapitel beschrieben, in dem Tom auf ein ihn verwirrendes Geschehen blickte, das er gerade erlebt hatte und durch das er jetzt besser erkennen konnte, was dieses Erlebnis über ihn aussagte.

Indem wir diese Übungen regelmäßig verrichten, stärken wir das bewusste Ich. Es entwickelt sich eine Art zweiter Mensch in uns, der uns am Tage über die Schulter auf das blickt, was wir tun und wie wir mit unserer Innenwelt umgehen. Er schaut nicht als strenger Kritiker zu, sondern ist wie eine großzügige, liebevolle Person beteiligt, die nur das Beste mit uns vorhat. Das hilft uns dabei, bewusster und sicherer in unserem normalen alltäglichen Leben dazustehen.

Rudolf Steiner beschreibt eine zweite Art von Übungen, die unseren sicheren Umgang mit der Seele stärken; er nennt sie Nebenübungen. Darin üben wir, unsere Gedanken und Willensimpulse mehr vom Bewusstsein her zu lenken und bewusster in unseren Gefühlen zu sein. Der Weg besteht darin, immer wieder, und zwar täglich, sechs bestimmte Übungen – auch in verschiedenen Kombinationen – zu verrichten, die stärkend auf den Umgang mit unserem Denken, Fühlen und Handeln wirken.

Es sind die Denkübung, die Willensübung, die Übung der Gelassenheit, der Positivität und der Unbefangenheit. Die Reihe wird mit einer Kombination dieser Übungen beendet. Man macht jede Übung eine bestimmte Zeit lang, beispielsweise eine Woche, einen Monat, worauf dann die nächste Übung folgt. Für die Beschreibung der Übungen sei auf die Literaturangaben verwiesen.

Diese Übungen haben in jedem Fall eine positive Wirkung. Auch wenn jemand gar nicht die Absicht hat, die eigentlichen Meditationen durchzuführen, sind sie sinnvoll, weil sie Ordnung in den Umgang mit unserer Seele bringen.

Für all diese Übungen brauchen wir Zeit, um sie in unseren Tag einzuplanen. Das kann schwierig sein, wenn man wenig Zeit hat. Doch die Zeit, die man darauf verwendet, gewinnt man zurück, da man dank der Übungen weniger Zeit mit Grübeleien und Zweifeln verliert.

Meditation

Meditation ist die dritte Phase des Schulungswegs. Was verstehe ich unter Meditation? Es ist sinnvoll, zuerst einmal den Begriff Meditation anzusehen, weil dieses Wort für sehr verschiedene Übungsarten verwendet wird. Je nach der spirituellen Richtung, aus der sie stammt, hat Meditation unterschiedliche Methoden und Ziele. So unterscheiden sich die jeweiligen Ziele der Meditationen aus der Richtung der Achtsamkeit (Mindfulness), der Transzendentalen Meditation, der buddhistischen Meditation und der Meditation, wie sie in der Anthroposophie praktiziert wird. Manchmal geht es vor allem um die Verbesserung der Gesundheit. Manchmal geht es darum, innere Seelenruhe oder Selbsterkenntnis zu erwerben. Und so kann Meditation auch das Ziel haben, eine Verbindung zur geistigen Welt herzustellen.

Ich sehe es so: Die meisten Übungen aus dem Bereich der Achtsamkeitsübungen haben ihren Ursprung im Yoga und in der buddhistischen Meditation. Hinter Yoga und Buddhismus stehen Weltbilder und Schulungswege; sie haben auch eine spirituelle Quelle. Diese Quellen haben für viele Menschen, die Yoga oder Mindfulness praktizieren, weniger Bedeutung. Sie suchen vor allem die Wirkung der Übungen. Darin liegt daher auch die Kraft beispielsweise des Mindfulness-Trainings.

Die buddhistische Vipassana-Meditation ist vor allem durch die Sitzmeditation bekannt. Darin setzt man sich (auf ein Kissen), kommt innerlich zur Ruhe und achtet zuerst auf die Atmung. Man versucht, alles, was durch unsere Sinne von außen hereinkommt, einfach nur wahrzunehmen und es zu begrüßen, um es dann wieder von sich abgleiten zu lassen. Es darf alles sein, aber wir gehen nicht darauf ein. Das gilt auch für alle Eindrücke, die aus dem Köper kommen: Kitzeln in der Nase, Krämpfe im Bein. Wir begrüßen es nur mit unserem Bewusstsein, gehen aber nicht darauf ein. Wir horchen auf alle Gedanken und Gefühle, die in uns aufsteigen. Auch das blicken wir zunächst nur an. Danach können wir versuchen, diesen Aufwallungen mehr Aufmerksamkeit zu schenken und uns zu fragen, woher sie kommen. Es ist eine akzeptierende und erkennende Meditation, die zu mehr Ruhe und Selbsterkenntnis führt.

Ein anderes Ziel der Meditation kann darin bestehen, sich auf die Bewusstseinsseele zu konzentrieren, die sich der geistigen Welt zuwendet. Dieser Schritt ist charakteristisch für die anthroposophische Meditation.

In der anthroposophischen Meditation geht es um das bewusste Betreten der geistigen Welt und darum, die entsprechenden Wahrnehmungsorgane auszubilden. Alle Schritte werden in vollem Bewusstsein gegangen. Wir suchen innerlich einen Weg ins Geistige, ohne Trance und ohne Mittel einzunehmen, die uns von unserem Körper lösen.

Die Meditationen haben immer einen bestimmten Inhalt. Dieser Inhalt ist ein Hilfsmittel, um uns für ein bestimmtes Gebiet des Geistes zu öffnen. Rudolf Steiner beschreibt verschiedene Inhalte für die Meditation: Sinnbilder wie das Rosenkreuz oder der Merkurstab, Sprüche oder Mantren, Gefühle oder Empfindungen (wie Freude oder Dankbarkeit). Er hat eine Vielzahl an Sprüchen als Mantren hinterlassen, die er entweder als allgemeine Meditation oder aus irgendeinem Grund einem Einzelnen gegeben hat. Ich erlebe diese Sprüche als eine Art Reisebeschreibung.

Wir können auf unterschiedliche Art mit einem Spruch umgehen. Einen Spruch zu sagen, gibt uns einen Augenblick der Konzentration, indem wir während des Sprechens die Aufmerksamkeit von unseren täglichen Verrichtungen zurückziehen und einen Augenblick der Ruhe schaffen. Ein Spruch kann auch für eine Gruppe von Menschen (zum Beispiel Mitarbeiter einer Schule oder einer Organisation) einen Augenblick der Besinnung auf das Ziel bedeuten, um dessentwillen man beisammen ist. Die eigentliche meditative Vertiefung des Inhalts führt noch einen Schritt weiter. Es geht um ein inneres geistiges Besinnen auf den Inhalt. Indem man den Spruch mehrmals wiederholt, kann man sich immer mehr in den Inhalt vertiefen.

Ich erlebe die Meditation eines Spruches so: Ich mache mir eine Vorstellung vom Inhalt des Spruches. Und dann versuche ich sozusagen ins Bild zu gehen und zu erleben, worum es sich handelt. So entsteht etwas wie eine Spiegelung der geistigen Realität, über die das Mantra spricht. Dabei habe ich immer den Eindruck, die geistige Welt arbeite von der anderen Seite aus mit.

Wenn ich einschlafe, nehme ich das Bild mit in die Nacht. Dort arbeitet die geistige Welt an dem Bild, sodass es eine mehr spirituelle Wirklichkeit bekommt. Wenn ich das Bild dann am nächsten Tag noch einmal aufbaue, haben sich die Dinge verändert, was es mir ermöglicht, weiter daran zu arbeiten. Dann kann es geschehen, dass mein Bild nach einiger Zeit (und das können Monate sein) ins Wanken gerät und nur noch ein Teil davon übrig bleibt. Doch ist das dann eine solidere Basis, auf der ich weitermachen kann. Da muss ich Vertrauen in meine meditative Arbeit haben, um mir den Inhalt oder einen Teil davon noch einmal neu vorzunehmen. Allerdings kommt man auf die Art wirklich voran.

Wir nehmen in Bildern wahr, wir blicken gleichsam durch sie hindurch, um den geistigen Hintergrund zu sehen, dessen Spiegelung das von uns aufgebaute Bild ist. So bauen wir nach und nach ein Seelenorgan auf.

Ein einfaches Beispiel eines solchen Spruchs ist die Bearbeitung eines alten Sanskritspruchs:

Urselbst,
Von dem alles ausgegangen,
Urselbst,
Zu dem alles zurückkehrt,
Urselbst,
Das in mir lebt –
Zu dir strebe ich hin.

In diesem Spruch wird das Urselbst angesprochen. Er sagt, das Urselbst habe schon lange vor der Geburt, also vor dieser Inkarnation, existiert. Das Urselbst also ist es, welches die Vorsätze für dieses Leben gefasst hat; die Vorsätze, mit denen wir nun in diesem Leben konfrontiert werden, die – obwohl wir uns dessen nicht bewusst sind – unsere eigenen Vorsätze sind, die unseres Urselbst. Wenn wir uns in dieses erste Bild hineinfühlen, nähern wir uns einem wichtigen Teil von uns. Wir können auch versuchen, aus der Perspektive des Urselbst auf unsere Erscheinungsform hier auf der Erde zu blicken und auf das, was wir hier auf der

Erde erleben. Dann sehen wir uns aus der geistigen Perspektive – und damit auch aus der Perspektive des Karmas.

Und zu diesem Urselbst kehren wir auch nach dem Tod zurück. Im Urselbst liegen also Anfang und Ende dieser Inkarnation. Wenn wir dorthin zurückkehren, beurteilen wir unser Leben, wie wir es geführt haben.

Und dieses Urselbst lebt jetzt in uns. In einer tiefen Schicht des Unbewussten ist es immer vorhanden. Und aus dieser tiefen Schicht lenkt es unsichtbar auch zu einem Teil unser Leben. Es trägt die Ziele in sich, die wir uns für dieses Leben gesteckt haben, und damit ist es Träger unserer Ideale und auch Träger des Karmas, das wir aus der Vergangenheit mitgebracht haben. Wenn wir dieses Urselbst erreichen wollen, müssen wir in Kontakt mit dieser tiefen Schicht des Unbewussten treten. Wir können versuchen, mit ihm ins Gespräch zu kommen, vor allem dann, wenn Dinge geschehen, die wir bei oberflächlicher Betrachtung nicht wollen oder nicht begreifen.

Wir können versuchen, uns den Weg des Urselbsts vorzustellen und im Laufe der Zeit mitzuerleben. Das habe ich versucht – es ist der Weg, der im Kapitel über den Aufbau des Karmas beschrieben wurde. Das Urselbst hat sich nach dem Tod schrittweise vom irdischen Menschen in uns gelöst, und es hatte bereits Erfahrungen in der Sonnensphäre. Es hat die Entschlüsse für das neue Lebensprojekt gefasst und sich wieder hineingesenkt in die Verdichtung zur Erde. Und dort landete es im Unbewussten, um von da aus über Sympathie und Antipathie und über Inspiration und Intuition an der Lenkung unseres Lebens mitzuwirken. Es wartet auf eine Zusammenarbeit mit uns!

Diese Perspektive des Urselbsts ist nicht die einzige. In einer größeren Dimension kann dieses Urselbst, von dem alles ausgegangen ist, auf den Anfang der Inkarnationsreihe als Ganze hinweisen. Dann kehren wir zu dem Urselbst zurück, das am Ende des gesamten Inkarnationsweges steht, wenn alle Fähigkeiten, die zunächst im Keim in uns als Mensch angelegt waren, entwickelt sind. Dann ist der Mensch die Hierarchie der Liebe und Freiheit geworden.

Der erste Schritt besteht darin, das Bild aufzubauen. Wenn ein solches Bild vorhanden ist, können wir allmählich erkennen, welche Kräfte darin wirken. Dann schieben wir das so sorgfältig aufgebaute Bild zur Seite. Damit verschwindet alles Sichtbare, es wird dunkel. Doch dies ist keine Dunkelheit durch Abwesenheit von Licht, sondern eine Dunkelheit, von der das Licht noch nicht getrennt ist (wie es auch im Kern der Sonne dunkel ist). Dann kommen wir in eine andere Dimension, in der die Kräfte wahrnehmbar werden, die hinter den physischen Ereignissen stehen.

Wir können noch einen Schritt weitergehen, indem wir auch diese Realität beiseiteschieben. So gelangen wir in eine noch tiefere Dimension, in der wir merken, dass die Kräfte, die im vorigen Gebiet wahrnehmbar wurden, von tätigen Wesen ausgehen. Wir können wahrnehmen, wie sie schöpferisch an der Welt arbeiten und welches das Ziel ist. So dringen wir Schritt für Schritt weiter in die geistige Realität ein.

Für den Aufbau der Meditation brauchen wir geraume Zeit. Nicht alle genannten Schritte machen wir sofort. Zuerst bauen wir durch die vorbereitenden Übungen die Konzentration auf, die dazu nötig ist. Wenn wir die innere Ruhe bis zu einem bestimmten Grad beherrschen, kann der Schritt zur eigentlichen Meditation folgen. Dann erst wird das Bild aufgebaut. Das erfordert Zeit und Wiederholung. Erst wenn das Bild nach einiger Zeit steht, können wir versuchen, dahinterzuschauen. Das alles bedeutet, dass wir lange

Zeit mit demselben Inhalt arbeiten können. Es können Monate oder Jahre sein. Ich selbst stelle fest, dass ich bis heute mit einigen Sprüchen arbeite, die ich schon seit dreißig Jahren mit mir trage und die immer mehr Vertiefungen bekommen.

Wenn man einen Spruch ein paarmal zum Inhalt der Meditation macht, kann man ahnen, worum es inhaltlich geht. Wenn man denselben Spruch jedoch durch viele Monate täglich meditiert, beginnt er zu leben, und das Urselbst kann nach und nach zu einer Realität werden, die uns in unserem täglichen Leben Halt gibt.

Und dann kann in uns als Folge dessen der Gedanke entstehen, dass jeder Mensch ein solches Urselbst hat. In jedem Menschen lebt ein Urselbst, das nach Verwirklichung strebt. Wie sieht der andere aus, wenn wir uns im Hintergrund sein Urselbst vorstellen? Was macht es mit uns, wenn wir an dem anderen sehen, dass sein Urselbst dort tätig ist und dass dies ein Augenblick ist, in dem wir ihm helfen können, die Verbindung zwischen dem Urselbst und seinem Tagesbewusstsein zu stärken? Oder umgekehrt: Der andere bringt uns etwas für unser Urselbst? Es ändert die Begegnung, sie bekommt eine andere Dimension.

Der Spruch des Urselbst, den ich hier als Beispiel anführte, hängt mit dem zusammen, was in der Rückschau als »der zweite Mensch« in uns beschrieben wurde. Diese Meditation beschreibt mehr den geistigen Hintergrund und die Beweggründe dieses zweiten Menschen.

Unsere Meditation dient nicht nur uns selbst und der Suche nach einer Verbindung zur geistigen Welt. Ebenso wichtig ist es, bei diesem Schulungsweg mit Nüchternheit in der Welt zu stehen. Wir leben auf der Erde, um altes Karma aufzulösen und neue Fähigkeiten zu entwickeln. Wir sind auch auf der Erde, um anderen Menschen zu begegnen und ihnen zur Seite zu stehen, und auch, um zur weiteren Entwicklung der Erde beizutragen. Meditieren soll uns dabei helfen, bewusster und ausgeglichener in unserem Leben zu stehen und kreativ zu leben.

So kann die Meditation des Spruches über das Urselbst dabei helfen, uns mehr mit dieser Kraft in uns zu verbinden. Das Urselbst ist der Träger des Gewissens, unserer Ideale und Werte. Diese Qualitäten sind vom Unbewussten her bis in die unteren Seelenbereiche tätig. Wenn wir von unserem täglichen Ich ausgehend Verbindung zu unserem Urselbst haben, treffen wir leichter Entscheidungen vor dem Hintergrund dessen, was wirklich wichtig, wesentlich für uns ist. Andrerseits kann das auch lästig sein, da wir uns klarmachen, dass wir dann auf manche nicht wesentliche Dinge wie Eigennutz und Bedürfnisbefriedigung verzichten müssen.

Als Beispiel einer Meditation für unsere Gefühle oder Wahrnehmungen nehme ich die Meditation der Dankbarkeit. Dabei versuchen wir, uns mit dem Gefühl der Dankbarkeit zu verbinden. Das kann folgendermaßen geschehen:

Zuerst fragen wir uns, was beispielsweise der Unterschied zwischen Dankbarkeit und Freude ist. Wir stellen uns vor, dass wir etwas von jemandem geschenkt bekommen, das wir uns (manchmal unbewusst) gewünscht haben oder von dem wir überrascht sind. Wir freuen uns über das, was wir bekommen haben. Und dankbar sind wir demjenigen, der es uns geschenkt hat.

Von diesem Gefühl gehen wir aus, indem wir zu dem Augenblick oder dem Zeitraum zurückgehen, für den wir dankbar sind. Dann gehen wir folgende Schritte:

1. Stell dir ganz lebendig das Bild des Augenblicks oder Zeitraums vor, für den du dankbar bist.

2. Dann erinnere dich an das Gefühl der Dankbarkeit und nimm es in deine Seele auf. Sei aufs Neue dankbar.
3. Lass das Gefühl der Dankbarkeit jetzt durch deinen ganzen Körper strömen, sodass dein Gewebe, alle Zellen daran teilnehmen.
4. Halte dieses Gefühl in deiner Seele und in deinem Körper fest und gehe dann zurück zu dem Bild, von dem du ausgegangen bist. Wer hat es dir geschenkt?
   Wenn du einen bestimmten Augenblick als Beispiel gewählt hast, kann es für die nächsten Schritte hilfreich sein, einige andere Beispiele von Augenblicken oder Ereignissen danebenzustellen, für die du dankbar bist.
5. Versuche jetzt, an den Strom der Dinge zu denken, die dir im Laufe der Zeit geschenkt worden sind. Wer oder was ist es gewesen, von dem du die Dinge geschenkt bekommen hast? Jetzt kannst du das Beispiel oder die Beispiele, von denen du ausgegangen bist, beiseiteschieben und darauf schauen, was sich dahinter verbirgt.
   Du kommst jetzt näher an die Quelle dessen, was dir im Laufe des Lebens begegnet ist. Diese Quelle hat etwas mit der geistigen Welt zu tun. Es ist die Welt der Engel und Erzengel, die dir dies geschenkt hat. Oft haben sie dafür andere Menschen gebraucht.

Wenn wir diese Meditation über einen langen Zeitraum praktizieren, verstärken wir das Gefühl der Dankbarkeit. Das macht uns zu einem anderen Menschen: Wir durchschauen im Laufe des Tages viel besser, was uns alles begegnet und was unser Leben schön und reich macht. Es sind die kleinen Dinge.

Wir können auch andere Inhalte für die Meditation wählen, beispielsweise Gerechtigkeit oder Respekt. Immer erwecken wir dann ein solches Erlebnis in der Seele zum Leben und können es nach und nach zu einer inneren Haltung machen.

Wenn wir den Prozess der Meditation nun wieder aus der Perspektive der Wesensglieder betrachten, sehen wir Folgendes: Wir öffnen die Bewusstseinsseele und empfangen dadurch Kraft aus der geistigen Welt. Diese Kraft leiten wir Schritt für Schritt durch die Empfindungsseele und den Empfindungsleib bis zum Ätherleib. So fließt Gesundendes in den Körper. Damit öffnen wir bewusst die Seele für den Geist. Im Laufe der Zeit können wir die Dankbarkeit als ein Sinnesorgan ansehen, mit dem wir das Schenkende aus der geistigen Welt wahrnehmen, oder, tiefer gesehen, die Wesen erleben, die im Laufe unseres Leben an der Lenkung mitwirken. Durch die Meditation der Dankbarkeit kann Vertrauen ins Leben und die Wirkung der geistigen Welt wachsen. Aus diesem Vertrauen heraus fragen wir uns auch bei scheinbaren Misserfolgen: Was habt ihr damit vor? Warum lasst ihr mich dies in diesem Augenblick erleben? Dann schaffen wir es leichter, Ja zu den Dingen zu sagen, die direkt vor uns liegen (und vielleicht mit Karma zu tun haben, das noch nicht sichtbar ist).

Ein anderer Inhalt dieser Art Meditation sind die Gefühle der Sympathie und Antipathie. Dabei ist die entscheidende Frage: Was nehmen wir mit diesen Gefühlen wahr? Welche Aspekte oder Wesen könnten wir vielleicht mit den Gefühlen Sympathie oder Antipathie wahrnehmen?

Unsere meditative Aktivität hat auch zur Folge, dass neue Verbindungen im Gehirn angelegt werden. Es gibt unterschiedliche Gehirnteile mit jeweils unterschiedlichen Funktionen. So gibt es Teile, die mehr mit dem Künstlerisch-Kreativen zusammenhängen oder mit dem Fühlen und unseren Emotionen. Es gibt auch Bereiche, die etwas mit Schmerzempfindung oder auch mit

Belohnung zu tun haben. Auch auf diese Verbindungen übt das Meditieren Wirkung aus. Wir bringen also Veränderungen bis in den physischen Körper zustande.

Der Weg, den man zu gehen hat, ist weit, und er verlangt viel Geduld und Ausdauer. Was macht diesen Weg unangenehm? Die Antwort ist: Wir müssen ihn selbst gehen, immer wieder. Es hängt von unserem eigenen Willen ab. Niemand sagt uns, was wir genau tun müssen und welches unser nächster Schritt sein kann. Kein Guru nimmt uns an die Hand. Einerseits macht das den meditativen Weg schwieriger, andrerseits machen wir das eigene Ich dadurch viel stärker. Und das brauchen wir, um uns in der Welt des Geistes orientieren zu können, jetzt oder nach dem Tod.

Es müssen dabei innere Denkweisen und Strukturen umgewandelt werden, die sich oft durch Jahrzehnte gebildet haben. Schon die Vorstellungen, die wir seit der Zeit vor Beginn der Grundschule gebildet haben, beruhen (zumindest zum größten Teil) auf Erkenntnissen, die sich am Materialismus orientieren. Wir lernen zu denken, dass alles eine materielle Ursache hat, eventuelle geistige Ursachen und Wirkungen werden als nicht relevant angesehen. Diese Denkstruktur muss auf dem Weg der inneren Schulung vollkommen umgewandelt werden.

Nach dieser Wegbeschreibung der inneren Schulung kehren wir zur Praxis zurück. Wie setzen wir in unserem täglichen Leben die Erkenntnisse der verschiedenen Wesensglieder in den Umgang mit anderen Menschen um?

12 Was sehen wir am anderen?

Wir begegnen jemandem. Was sehen wir alles an ihm? Was nehmen wir alles wahr, und wie können wir durch allen äußeren oder oberflächlichen Schein hindurch das Wesen eines Menschen erleben? Dazu müssen wir die Schichten, die um das Wesen herum liegen, abschälen. Alle hier beschriebenen Wesensglieder, alle Schichten der Aura liegen wie eine Schale um uns. Alle Wesensglieder sagen etwas über uns aus, sie stehen unserem Wesen zur Verfügung, während wir selbst darüber stehen. Wir können uns darin üben, durch all die Schichten gleichsam hindurchzuschauen, um zu sehen, wer der andere in seiner Wesenheit ist. Das schafft eine stärkere Verbundenheit mit dem anderen oder mit uns selbst.

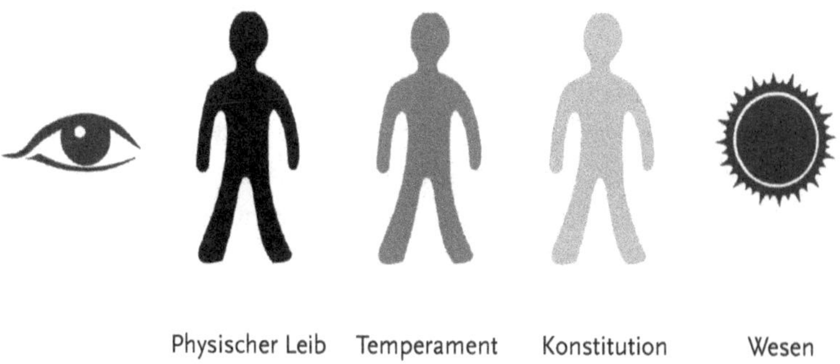

Der physische Leib

Zuerst sehen wir den physischen Körper. Wir sehen ihn mit unseren Augen, wir können ihn fühlen, wenn wir jemandem die Hand geben oder ihn umarmen. Es ist seine Hülle, nicht sein Wesen. Sein Körper kann groß oder klein sein, dick oder dünn, hell oder dunkel, mit lockigem oder glattem Haar. Viele dieser Qualitäten sind von innen her bedingt, durch die Erblichkeit und durch das Karma, und manche sind durch die Lebensweise verursacht, wie bestimmte Gewohnheiten in Ernährung oder Bewegung. Dieser Körper kann eine Hilfe für das Seelen- und Geistwesen sein, das als der Bewohner darin lebt. Aber es können auch lästige Eigenschaften damit verbunden sein, die Beschränkungen bedeuten, und man muss lernen, mit ihnen zu leben. Das ist der Fall, wenn jemand zum Beispiel schielt oder ein entstelltes Gesicht hat oder gezwungen ist, im Rollstuhl zu sitzen.

Wir sehen den physischen Körper. Temperament, Konstitutionsbild und Wesen verbergen sich dahinter. Wenn wir den physischen Körper durchsichtig machen, erscheint das Temperament.

Temperament

Wenn wir diesen physischen Körper wegdenken, können die Qualitäten des Ätherleibs dahinter hervortreten. Welchen Eindruck macht jemand? Wirkt er vital? Oder sieht er etwas mickrig aus? Sind seine Bewegungen kraftvoll oder schwach? Und wie sieht es mit seiner Aufmerksamkeit aus? Im Verhalten werden die Qualitäten des Ätherleibs im Temperament sichtbar und erlebbar.

Es gibt vier Temperamente: phlegmatisch, melancholisch, sanguinisch und cholerisch. Sie hängen mit den vier Ätherarten zusammen, die beim Aufbau des Ätherleibs beschrieben wurden. Wenn eine Ätherart überwiegt, wird das Temperament dadurch gefärbt. Wenn der *chemische Äther* überwiegt, dann liegt im Ätherleib der Schwerpunkt auf dem Stoffwechsel, beim vorwiegenden Aufbau von Stoffen. Nach außen äußert sich das im phlegmatischen Temperament. Charakteristisch ist zum Beispiel das Verträumte, nicht so sehr nach außen Aktive und die Neigung zu einem fülligen Körperbau. Menschen mit einem phlegmatischen Temperament ändern sich nicht gern. Und ebenso, wie das Chemische im Körper in unendlicher Wiederholung aktiv ist, mag der Phlegmatiker gern Wiederholungen.

Wenn der *Lebensäther* überwiegt, also die nach innen wirkende Kraft, die den physischen Körper bildet, äußert sich das im melancholischen Temperament. Diese Menschen sind eher nach innen gewandt, generell schnell auf sich gerichtet. Sie kennen die Schwere und tragen daher schnell schwer an allem. Zudem sind sie mehr der Vergangenheit zugewandt. Der Körper ist eher lang und schlank.

Wenn die Kraft des *Lichtäthers* überwiegt, wird das am sanguinischen Temperament sichtbar: leicht, lebendig, nach außen gewandt, mit einer Neigung zur Oberflächlichkeit. Diese Menschen sind mehr mit der Umgebung verbunden, bleiben nicht bei sich. Sie haben bei vielen Initiativen und Interessen aber eher Mühe damit, etwas zu Ende zu bringen. Der Körperbau ist oft schlank und beweglich.

Wenn die Wärme des *Wärmeäthers* überwiegt, führt das zu einem feurigen Temperament: dem cholerischen Temperament. Der Körperbau des Cholerikers ist eher kurz und gedrungen, sein Auftreten zielbewusst. Kein Wenn und Aber, sondern zupacken, machen und weitermachen, bis es fertig ist.

Die Qualitäten der Temperamente werden sichtbar, wenn das Kind vom Kleinkind zum Schulkind wird, also in der Zeit der Grundschule. In dem Alter wird der Ätherleib allmählich aus seiner Arbeit am physischen Körper entlassen, wie es im Kapitel »Entwicklung im Laufe der Zeit« beschrieben wurde. Später kommen andere Qualitäten hinzu, wodurch die dominierenden Kräfte des Temperaments überlagert werden können.

Alle genannten Temperamente sind Einseitigkeiten, die für uns angenehm sein können, wenn wir in der Lage sind, sie als Instrument in der richtigen Weise zu nutzen. Sie können aber auch eine Last werden, wenn die Einseitigkeit übers Ziel hinausschießt. Dann besteht die Herausforderung darin, das dominierende Temperament zu zähmen, indem man sich Dinge vornimmt, die das genaue Gegenteil der ursprünglichen Veranlagung sind.

Wenn wir das Wesen eines Menschen erkennen wollen, müssen auch die Äußerungen des Temperaments beiseitegeschoben werden. Mit anderen Worten: Dann müssen wir auch durchs Temperament hindurchschauen, um den Besitzer dieses Temperaments zu sehen.

Konstitution

Die nächste Schicht, die sich um das Wesentliche des Menschen legt, ist die Konstitution. Sie steht in enger Verbindung mit dem Empfindungsleib. Auch in der Konstitution treffen wir auf eine Vielzahl von Mustern, die als Instrument ebenfalls hilfreich sein, aber auch einen Widerstand bedeuten können.

Ich stelle mir Folgendes vor: Der Ätherleib gibt Energie ab, die die Seele brauchen kann. Wohin geht diese Energie? Es ist physische Energie, die sich auf die verschiedenen Organe des Körpers verteilen kann. Und diese Verteilung ist dann dafür verantwortlich, welches Organ aktiver und welches weniger aktiv wird. Ich habe dann immer das Bild eines Orchesters vor mir. Im Orchester sitzen Streicher, Bläser und Schlagzeuger. Diese Instrumente haben unterschiedliche Klänge. Gemeinsam machen sie Musik. Das Resultat hängt davon ab, wie sie zusammenspielen. Es klingt anders, je nachdem, ob die Bläser oder die Streicher dominieren – und vor allem, wenn das Schlagzeug den Ton angibt.

Uns geht es um die Energie, die der Ätherleib abgibt. Sie kann zum Kopf gehen oder zu den Gliedmaßen oder ins rhythmische Gebiet von Herz und Lunge. Wenn viel Energie zum Kopf geht und dieser dann über die anderen Systeme dominiert, wird jemand ein Denker. Geht sie mehr zu den Gliedmaßen, wird einer zum Macher, und wenn die Energie im mittleren Bereich von Herz und Lunge vorherrscht, wird einer vor allem zum Gefühlsmenschen.

Die Ursache dafür, ob wir eher ein Denker oder ein Macher sind, ist im Körper und nicht in unserem Wesen zu suchen. Es ist eine Einseitigkeit, die als Tatsache zu betrachten ist, vor allem bei Jugendlichen.

Wir haben uns bisher angesehen, wie die Energie sich über den Körper verteilen und dabei zu Einseitigkeiten führen kann. Dies können wir noch weiter differenzieren, indem wir die Qualität der Energie betrachten. Die Qualität kann zu komprimiert oder zu fein, zu flüchtig sein.

Betrachten wir zuerst den Gefühlsmenschen. Bei ihm ist also das Gefühlssystem im Vergleich zum Denken und Handeln dominierend. Wenn die Energie zu flüchtig ist, verliert sie ihre um den Körper gelegte aurische Form und weitet sich leicht aus. Dann entfernt sie sich von uns. Sie kann dann mit der Aura eines anderen zusammenfließen und durch die Aura des anderen in ihrer Form verändert werden. So kann man schwer unterscheiden, was von einem selbst und was von einem anderen ist. Dasselbe gilt für den Unterschied zwischen der eigenen Energie und der Energie des Raumes um uns. Dies kommt beispielsweise bei hochsensiblen Menschen vor. Ihre Grenze ist durch die Flüchtigkeit der Gefühlsenergie nicht genau zu erleben, und sie nehmen zu viele Impulse ihrer Umgebung in sich auf.

Anders ist es bei Menschen mit einer dichten Art der Energie in ihrem Gefühlssystem. Bei ihnen bleibt die Aura eher zäh und liegt eng und straffer um den Körper. Sie können dadurch nicht so spontan mit ihrer Umgebung Kontakt aufnehmen. Und das gilt auch für Menschen, die mit einem anderen mit einer solchen Konstitution Verbindung aufnehmen wollen. Es ist dann nicht so selbstverständlich, in Kontakt zu treten. Diese Menschen müssen für den Kontakt erst durch die zähe Schicht dringen.

Auch bei der Willensenergie ist ein solcher Unterschied zu sehen. Menschen mit einer eher flüchtigen Energie in den Gliedern neigen zu einem starken Bewegungsdrang. Wenn es nichts zu bewegen gibt, führt das zu unruhigen und willkürlichen Bewegungen. Es muss immer etwas getan werden, Dinge werden von einem Platz zum anderen gestellt, man spielt mit einer Tasse oder einem Stift. Bei Menschen mit ADHS ist dies besonders stark zu beobachten.

Ist die Energie aber zu zäh, haben wir es mit Menschen zu tun, die nur schwer in Bewegung kommen. Sie wollen zwar, müssen sich aber selbst erst einmal antreiben.

Beim Denker äußern sich die Einseitigkeiten wieder anders. Wenn die Energie flüchtig ist, schießt sie nach allen Seiten, und das führt wiederum zu Gedankenflucht, Konzentrationsschwäche und vielen Assoziationen – und damit zu Vergesslichkeit.

Bei Menschen mit einer zu zähen Energie bleibt die Gedankenbildung träge, und in ihrer Einseitigkeit kann das zu Zwanghaftigkeit führen.

Alle genannten Einseitigkeiten können sowohl hilfreich als auch hinderlich sein. Das hängt davon ab, wie stark sie auftreten und wie man mit ihnen umgeht. Setzen wir die Einseitigkeit für etwas ein oder wollen wir im Leben gerade etwas tun, bei dem sie ein Hindernis darstellt? Man kann sich jemanden mit einer Dominanz der Energie in den Gliedern vorstellen – was sich gut für ein Handwerk eignen würde –, der sich aber für ein Studium entscheidet, bei dem gerade die Denkenergie gefordert ist.

Wie gehen wir mit einer solchen Einseitigkeit um? Als Erstes müssen wir uns der Tatsache bewusst sein, dass diese Energie tief sitzt und nicht einfach weggeschoben werden kann. Wir müssen uns damit beschäftigen. Manchmal, wie etwa bei demjenigen mit viel Macher-Energie, der ein Studium beginnt, stellt sich die Frage, wie er diese Macher-Energie kanalisieren kann. Jemand erzählte mir einmal, er habe sich dafür einen jungen, lebhaften Hund angeschafft. So musste er notgedrungen oft mit ihm unterwegs sein und sich bewegen. Menschen, die zu viel an anderen wahrnehmen, weil ihre Gefühlsenergie zu sehr geöffnet ist, können lernen, sich besser abzuschließen. Sie können sich bewusst machen, was sie nun eigentlich wahrnehmen, dann wehen die Wahrnehmung nicht unbewusst nach innen.

Wenn wir uns selbst in unserer Wesenheit kennenlernen oder dem Wesen eines anderen begegnen wollen, müssen wir auch durch diese Schicht der Konstitution hindurchschauen. Zunächst aber müssen wir versuchen, uns auch diesen Aspekt eines anderen richtig bewusst zu machen. Dann können wir ihn aus dem

Wissen heraus, dass auch diese Qualitäten etwas Äußerliches am anderen sind, beiseiteschieben.

In den drei genannten Schichten finden wir die Wirkung des Karmas der Vergangenheit. Die Anlage zum Bau sowohl des physischen Körpers als auch des Temperaments und der Konstitution hängt eng mit dem zusammen, was wir in einem vorigen Leben getan und erlebt haben. Sie sagen uns also weniger etwas darüber, wer wir in diesem Leben eigentlich sind. Das bedeutet, dass wir bei unserem Gegenüber in diesen mehr körperlichen Merkmalen eigentlich dem Menschen begegnen, der er in seiner vorigen Inkarnation gewesen ist, und nicht dem, der er jetzt ist. Wir erleben in ihm die Motive, die jemand karmisch betrachtet für dieses Leben mitgebracht hat.

Es fordert viel Zurückhaltung von uns, wenn wir versuchen wollen, durch die oberflächlichen Erscheinungsformen eines anderen gleichsam hindurchzuschauen. Aber wenn uns das gelingt, kann dadurch eine verständnisvolle Haltung in uns entstehen und unser Interesse am anderen vergrößern.

Empfindungsseele

Auch die Empfindungsseele verleiht dem Menschen eine Farbe. Auch sie ist ein Instrument für das eigentliche Ich, ist aber nicht sein Wesen, sondern auch wieder eine Hülle. Wie wir sahen, geben die Kräfte Sympathie und Antipathie die Farbe. Dadurch entstehen Affinitäten und Interessen. Wozu gehören wir? Welcher Teil der Welt, welche Menschen gehören zu uns? Es hängt mit unseren Affinitäten zusammen, wohin also unsere Sympathie und Antipathie geht. Dies äußert sich in der Beziehung zu einem Beruf, wie etwa einer technischen Tätigkeit oder einem

Beruf, bei dem man mit Menschen zu tun hat. Oder in einem Hobby, wie zum Beispiel dem Interesse an der Natur oder an der Kultur.

Auch diesen Aspekt können wir studieren. Hier wirken sowohl die Kräfte des alten als auch die des neuen Karmas. Wir können versuchen, auf dem Weg zur Erkenntnis der Wesenheit des anderen auch dieses Element wegzudenken. Und so kommen wir der geistigen Gestalt, die Träger der Wesenheit ist, wieder einen Schritt näher.

Verstandes- oder Gemütsseele

In der Verstandes- oder Gemütsseele begegnen wir den Auffassungen, Normen und Denkmustern. Es sind die Ingredienzien, aus denen jemand seine Perspektive auf die Welt gebildet hat. Oder kann ich sagen: seine eigene Perspektive auf die Wahrheit? Die Zeitungen sind voll davon. Menschen haben ihre festen Ansichten und diskutieren sie. Aber sie tun sich schwer damit, von ihnen Abstand zu nehmen, um sie zu relativieren und in Beziehung zu anderen Ansichten zu bringen. In der Politik sehen wir dies in den verschiedenen Ideen von Politikern, die links oder rechts orientiert sind. Welchen Teil der Wahrheit hat der eine? Welchen Teil der andere? Was ist absolut unwahr? Oder gibt es gar keine Unwahrheiten, sondern geht es nur darum, dass eine Teilwahrheit die andere Teilwahrheit wegschieben will?

Bewusstseinsseele

Und dann haben wir den Beitrag der Bewusstseinsseele. Welche Werte hat jemand? Wie ist seine Beziehung zur Spiritualität? Welche Ideale will er verwirklichen?

Hier kommen wir im Vergleich zu den vorherigen Schichten viel näher an den Teil, der jemand selbst ist oder der wir selber sind. Denn hier leben Kräfte, die wir selbst mit Bewusstsein in uns aufgenommen haben. Hier haben wir Raum geschaffen für ein Höheres, das zur Erfahrung wird. Die Verstandes- oder Gemütsseele zeigt das Gesicht unserer Persönlichkeit, während die Bewusstseinsseele stärker das Gesicht unseres Wesens zeigt.

In den beiden letzten Bereichen der Seele wirken vor allem die Kräfte des neuen Karmas. Hier haben wir mehr Freiheit, und von hier aus können wir, inspiriert von der Moralität des Geistes, die niederen Wesensglieder umwandeln und mehr ans Licht bringen.

Dies ist die Realität des täglichen Lebens, mit dem wir es zu tun haben. Dadurch ist es so schwierig, uns selbst oder einen anderen wirklich kennenzulernen. Dies wirft ein anderes Licht auf den Ausdruck »durchschauen«, weil deutlicher wird, durch was hindurchgeschaut werden kann. Und genau hier hilft uns die menschenkundliche Kenntnis dabei, die einzelnen Schichten des Menschen zu unterscheiden.

Natürlich bedarf es großer Anstrengung, diesen Weg zu unserer eigenen Wesenheit oder der des anderen zu gehen. Diese Fähigkeit ist erlernbar, indem wir sie schlichtweg üben. Das erfordert Zeit und Ausdauer.

Und woher nehmen wir die Zeit, wenn wir ohnehin ein so anstrengendes Leben haben? Es ist auch eine Frage des Investierens. Die Zeit, die wir dafür brauchen, gewinnen wir letzten Endes in reichem Maße zurück, indem wir all die Verwirrungen vermeiden, die uns ohne diese Unterscheidungsfähigkeit entstehen. Und die Ausdauer? Die bekommen wir ganz von selbst auf dem Weg, den wir gehen, wenn wir uns bewusst entwickeln wollen.

Zum Schluss

Wir haben eine Reise durch unsere menschlichen Veranlagungen unternommen und jede Schicht mit ihren eigenen Erscheinungsformen und eigenen Gesetzmäßigkeiten kennengelernt. Wenn wir länger mit diesem Bild leben, können wir lernen, immer deutlicher zu differenzieren, und werden uns im täglichen Leben sicherer fühlen.

Dazu müssen wir uns entschließen, wirklich damit zu leben, und uns nicht nur studierend mit dem Kopf damit beschäftigen. Dabei hilft es uns, wenn wir uns das anschauen, was um uns herum geschieht, was Menschen in unserer Umgebung tun und lassen. Und dann können wir uns fragen: Was nehme ich eigentlich wahr?

Das können wir in meditativer Form tun, im Gespräch, doch ebenso in den vermeintlich verlorenen, letztlich aber *geschenkten* Momenten, in denen man im Bus sitzt oder irgendwo warten muss.

Wir stärken unsere Wahrnehmung, wenn wir eine Zeit lang mit der Frage leben: Was sehe ich am Ätherleib? Und von dieser Frage ausgehend, können wir die täglichen Eindrücke durchgehen.

So können sich Türen öffnen, wenn wir diese Wahrnehmungen durch die Perspektive des Karmas vertiefen. Schon die Frage: »Wie sieht dieser Mensch, diese Situation aus der Perspektive der wiederholten Erdenleben aus?« hilft dabei, Abstand zu nehmen und die Situation mit mehr Interesse anzusehen. Wir schaffen die Situation neu, wecken unser eigenes Interesse.

Ich hoffe, dass der Inhalt bei Ihnen als Lesende ebenso viel Interesse am Menschen und am Leben weckt wie bei mir.

Literatur

Rudolf Steiner, *Theosophie. Einführung in übersinnliche Welterkenntnis und Menschheitsbestimmung* (GA 9).

ders., *Die Geheimwissenschaft im Umriss* (GA 13), Kapitel 5.

ders., *Die Offenbarungen des Karma* (GA 120).

ders., *Wiederverkörperung und Karma und ihre Bedeutung für die Kultur der Gegenwart* (GA 135).

ders., *Esoterische Betrachtungen karmischer Zusammenhänge* (GA 235 bis 240).

ders., *Die Nebenübungen.* Ausgewählt und herausgegeben von Ateş Baydur. Rudolf Steiner Verlag, Dornach ⁵2016.

Jaap van de Weg, *Hinter dem Schleier. Meditation für Einsteiger.* Deutsch von Ita Maria Berger. Urachhaus, Stuttgart 2007.

ders., *Welten und Wesen. Die Seele als Schauplatz geistiger Wirkungen.* Deutsch von Conrad Schaefer. Urachhaus, Stuttgart 2011.

Arthur Zajonc, *Aufbruch ins Unerwartete. Meditation als Erkenntnisweg.* Deutsch von Brigitte Elbe. Freies Geistesleben, Stuttgart ²2014.

Der Autor

Jaap van de Weg, geboren 1948, ist praktischer Arzt. Nach fünfzehnjähriger Tätigkeit als Hausarzt und in einem Therapeutikum eröffnete er eine Praxis für Psychosomatik und Entwicklungsfragen in Zeist/Niederlande. Sein Lebensmotto lautet: *Mach aus deinen Problemen ein Projekt!* Aus seiner praktischen Arbeit heraus sind bereits zahlreiche Bücher erschienen.
Im Verlag Urachhaus liegen vor: *Hinter dem Schleier. Meditation für Einsteiger.* Deutsch von Ita Maria Berger und *Welten und Wesen. Die Seele als Schauplatz geistiger Wirkungen.* Deutsch von Conrad Schaefer.

Jaap van de Weg

Welten und Wesen

Die Seele als Schauplatz geistiger Wirkungen

Aus dem Niederländischen von Conrad Schäfer

341 Seiten, geb.

Der Arzt und Psychotherapeut Jaap van de Weg schaut hinter die Kulissen des Alltagsbewusstseins und entdeckt eine Vielfalt von Akteuren, die die menschliche Seele bevölkern. Es handelt sich um Wesen, die im Allgemeinen unerkannt bleiben und unsere Innenwelt zum Schauplatz ihrer eigenen Interessen machen. Häufig mit brisanten Auswirkungen ...

Anhand zahlreicher Beispiele aus Literatur, Film und der therapeutischen Praxis, verbunden mit konkreten Übungen, wird ein Weg aufgezeigt, auf dem sich Klarheit und Sicherheit in den verborgenen Regionen des Unbewussten gewinnen lassen. Ein hervorragender Leitfaden für jeden, der die Rätsel der Seele bei sich selbst und seinen Mitmenschen besser ergründen möchte.

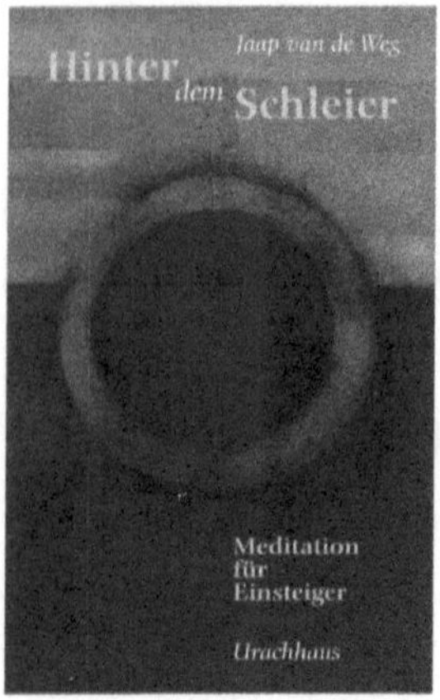

Jaap van de Weg

Hinter dem Schleier

Meditation für Einsteiger

Aus dem Niederländischen von Ita Maria Berger

224 Seiten, kart.

An Büchern zum Thema Meditation herrscht kein Mangel. Doch für »Einsteiger« gibt es nur relativ wenig voraussetzungslose Einführungen. Van de Wegs Buch versucht, diese Lücke ein wenig zu schließen. Es zeigt grundlegende Übungen und Ansätze auf, die jeder anwenden kann. Anhand vieler praktischer Beispiele aus dem »ganz normalen Leben« wird deutlich, dass ein meditatives Leben dazu beitragen kann, die Herausforderungen des Alltags besser und geistesgegenwärtiger zu bewältigen.

URACHHAUS